IRIS
WINKLER

SCHÖNHEIT,
GLANZ,
WAHN

Richard Wagner und
die Magie der Musik

IRIS
WINKLER

SCHÖNHEIT,
GLANZ,
WAHN

Richard Wagner und
die Magie der Musik

Mit Illustrationen
von Hans Baltzer

Bloomsbury
Kinderbücher & Jugendbücher

Umschlaggestaltung: Rothfos & Gabler, Hamburg,

unter Verwendung eines Bildes von © AKG Images

Typografie: Manja Hellpap, Berlin

Gesetzt aus der Arno Pro und Gill Sans

Druck und Bindung: Livonia Print, Riga

Printed in Latvia

ISBN 978-3-8270-5505-7

www.bloomsbury-verlag.de

Wer ist Richard Wagner?

Vorspiel Theatersturm   Seite 11

Erster Aufzug   Seite 15

Geyer oder Wagner? **16**
Talentsuche **19**
Volltreffer »Der Freischütz« **21**
Verwandlung **Mit Weber im Theater** **23**
Komponist oder Dichter? **24**
Vorbild Ludwig van Beethoven **28**
Wagner als Autodidakt **30**
Verwandlung **Liebeskummer** **34**

Zweiter Aufzug   Seite 37

Die erste Oper, die erste Stelle
und Liebe zur »Ersten Liebhaberin« **38**
Als Kapellmeister unterwegs **41**
Verwandlung Abenteuer auf hoher See **44**
»Der Fliegende Holländer« **46**
Elendsjahre im glänzenden Paris **48**
Verwandlung **Heimreise** **54**

Dritter Aufzug Seite 57

Erfolge in Dresden 58
Wagner als Romantiker 60
»Tannhäuser und der Sängerkrieg auf der Wartburg« 63
Freundschaft mit Liszt 66
»Lohengrin« 71
Wagner als Revolutionär 73
Verwandlung Auf dem Turm 77
Flucht ins Exil 79
Wagner als Theoretiker –
Das Kunstwerk der Zukunft 81
Ein düsteres Kapitel – Wagner als Antisemit 89
Philosophische Förderer und Kritik 91
Verwandlung »Ring«-Lesung 93

Vierter Aufzug Seite 97

Muse Mathilde 98
»Tristan und Isolde« 103
Skandal in Paris 106
»Die Meistersinger von Nürnberg« 111
Begnadigung und andauernde Unruhe 114
Verwandlung Am Scheitelpunkt 118

Fünfter **Aufzug**   Seite 121

Mit einem König befreundet sein **122**
Verbotene Liebe **125**
»Siegfried-Idyll« **131**
Weg nach Bayreuth **133**
»Ring«-Schmiede **138**
»Der Ring des Nibelungen« **141**
Letzte Liebe, letztes Werk **144**
»Parsifal« **146**

Finale Erlösung   Seite 148

Wer war Richard Wagner?   Seite 150

Zeittafel **160**
Tipps für einen guten Beginn **164**
Bildnachweis **166**

Wer ist Richard Wagner?

LANGSAM UND SCHMACHTEND

Leise, pianissimo, beginnen die Violoncelli, bleiben lange auf dem hohen Ton stehen, die Lautstärke schwillt an, dann senkt sich die Melodie, und auf den nächsten Schlag setzen die Holzbläser ein, Oboen, Klarinetten, Englisch-Horn und Fagotte. Die Musiker und erst recht das Publikum der Uraufführung von »Tristan und Isolde« am 10. Juni 1865 im Münchener Nationaltheater bekommen eine Gänsehaut. Was ist das für eine seltsame Harmonie? Was für ein magischer, unerhörter Klang …

Um sich von der Musik Richard Wagners bezaubern zu lassen, muss man nicht Noten lesen können – es gibt genug Aufnahmen und Aufführungen.* Dieses Buch ist für alle geschrieben, die neugierig sind und sich fragen: Wer ist Richard Wagner, dieser berühmte Mann mit dem gewöhnlichen Namen? Warum gilt er bis heute als einer der wichtigsten und umstrittensten Komponisten der Welt? Wofür hat er gekämpft? Wer half ihm dabei? Was hat er gefühlt, gedacht, geschrieben? Und – wie klingt seine Musik?

> * Einen ersten Eindruck geben die Hörbeispiele, die zur Begleitung dieses Buches auf der Webseite www.magiedermusik.de versammelt sind.

Vorspiel
Theatersturm

Schon den ganzen Vormittag hat Richard bei seinem Theater zugebracht. Seine jüngere Schwester Cäcilie hat ihm geholfen, alles zum Burgberg hinaufzutragen. Allein hat er mit seinen Puppen geprobt, hat ihre Kleider zurechtgezogen, wenigstens vorneherum. Von hinten greift er ihnen ins Kostüm und hält sie an einem Stock fest. Mit Armbewegungen oder Kopfneigen hält Richard sich nicht auf. Schließlich muss er ja nicht nur eine, sondern alle Rollen selber spielen. Richard begnügt sich damit, die richtigen Puppen zu greifen, sie hochzuheben und sie mit lauter Stimme sprechen zu lassen. Und kämpfen geht sowieso mit der ganzen Puppe.

»Zieh dich zurück!«

»Nie und nimmer!«

»So spüre die Gewalt meines Schwertes!«

»Ha, ha! Trau dich erst mal raus aus deiner Burg!«

Gegen Mittag kommen die Mutter, Cäcilie und die älteren Schwestern Klara und Ottilie und bringen die Stühle.

»Mach Pause, Richard, und komm mit zum Essen!«, sagt die Mutter.

»Nein!«, antwortet Richard. »Ich muss hierbleiben und auf das Theater aufpassen.«

So sitzt Richard bei seinem Theater herum. Er sortiert die Puppen so, dass sie in der richtigen Reihenfolge bereitliegen: Ritter Roderich und Knecht Loberecht kommen als Erste dran. Richard legt sie rechts von sich dicht hinter den Vorhang. Er hört die Kirchenglocke zwei Uhr schlagen. Noch zwei Stunden! Und er hört, wie sein Magen knurrt. Ein bisschen wackelt das Gestell.

Er schiebt etwas Moos unter die Ecke, rüttelt noch mal an dem Theater und setzt sich wieder hin. »Mimimimi« und »Momomo!« ahmt er die Sprechübungen seiner schauspielernden älteren Schwestern nach. Irgendwann findet er nichts mehr zu tun. Endlich sieht er Cäcilie die Treppe heraufsteigen.

»Hier, iss was!«, sagt sie und reicht ihm ein Stück Geburtstagskuchen. Heute ist sein Geburtstag, zehn ist er jetzt. Und deshalb will er allen mal so richtig zeigen, was er kann! Jetzt sitzen die Zuschauer erwartungsvoll vor dem Puppentheater: seine Mutter, seine Schwestern, seine Freunde, Kinder aus der Nachbarschaft und ein paar neugierige Spaziergänger. Es ist ein schwüler Nachmittag. Mit einem Donnergrollen aus der Ferne öffnet sich der Vorhang.

»So komm denn, Knecht! Hilf mir, die Rüstungen putzen!«

»Sehr wohl, sofort steh ich zu Diensten!«

»Ich höre schon den Ritter trabsen!«

Kichern im Publikum. »Pschschsch!«, von den Schwestern.

»So komm denn, Loberecht«, fährt Richard unbeirrt fort.

Zwei Sätze weiter weht es den Vorhang dem Puppenspieler vor das Gesicht. Da Richard aber alle Hände voller Puppen hat, gelingt es ihm nicht, den Vorhang beiseitezuschieben. Doch inzwischen gucken die Zuschauer nicht mehr nach vorne, sondern nach oben und halten die Hände auf: Dicke Regentropfen fallen aus den dunklen Wolken. Unruhe verbreitet sich im Publikum.

»Na, tapferer Roderich? Willst du nicht mit mir kämpfen, wie sich's für uns Ritter geziemt?«

»Zieh dich zurück, du feiger Hund!«

Das ist das Stichwort: Statt des feindlichen Ritters erheben sich die Zuschauer. Durch den Regen kann Richard noch so viel »Nie und nimmer«, »So bleibe nur« und »Pschscht, setzen!« rufen. Alle rennen davon, mancher hält sich den Küchenhocker als Regenschutz über den Kopf. Mit Schreien und Gackern stolpern die Gäste die Burgtreppe hinunter. Das ohnehin klapperige Theater fällt auf den nassen Waldboden. Wütend schmeißt Richard die Ritter auf die Erde.

Heulend läuft er den anderen hinterher. Das Gewitter verzieht sich, frische Luft weht ihm um die heiße Stirn. Und plötzlich durchzuckt ihn ein Gedanke. Er weiß, warum sein Theaterstück gescheitert ist: Sein Drama braucht Musik!

Erster
Aufzug

Geyer
oder
Wagner?

Noch Tage später bringen Freunde Puppenreste vorbei, die sie im Burgwald verstreut gefunden haben. Auch liegt hier und da noch ein aufgeweichter Theaterzettel. Aber warum steht da eigentlich immer »Richard Geyer« und nicht »Richard Wagner«? Am 22. Mai 1813 wird Wilhelm Richard Wagner in Leipzig geboren. Er ist das jüngste von neun Kindern des Ehepaares Friedrich und Johanna Rosine Wagner. Vor ihm kamen: Albert, der 1799 geboren wurde, Gustav, der bereits mit drei gestorben war, Rosalie, zehn Jahre älter als Richard, Julius, Luise, Klara, Ottilie und Theresia, die mit zwei Jahren starb.

Friedrich Wagner verdient den Lebensunterhalt seiner Familie als Polizeischreiber in Leipzig. Zugleich besitzt er eine starke musische Ader und wirkt bei mehreren Theateraufführungen als Laie mit. Gerne verkehrt er mit Künstlern und macht Schauspielerinnen den Hof. Einer seiner besten Freunde ist der Schauspieler und Maler Ludwig Geyer, der abends oft den herumstreunenden Hausherrn ersetzt.

Johanna stammt aus einer Bäckersfamilie in Weißenfels. Sie muss einen so starken Dialekt gesprochen haben, dass sich der Sohn später an ihrer grammatikalisch zweifelhaften und groben Ausdrucksweise stört.

Leipzig ist – wie heute auch – eine bedeutende Universitäts-, Messe- und Musikstadt. Sie gehört damals zum Königreich Sachsen. Einen deutschen Staat gibt es noch nicht: Deutschland zerfällt in unzählige Kleinstaaten, die von Königen, Fürsten oder Herzögen regiert werden. Frankreich ist zum Vorbild und zur

Bedrohung geworden: Die Französische Revolution von 1789 hat die Macht des Adels beschnitten, Parlamente eingerichtet und Bürgerrechte formuliert. Unter dem Ideal der Brüderlichkeit wurde das französische Volk zu einer Nation zusammengeschweißt. Kaum hat die Revolution gesiegt, etabliert sich allerdings schon wieder ein neuer Alleinherrscher: Napoleon lässt sich zum Kaiser krönen und beginnt seine Feldzüge durch Europa. Fasziniert vom revolutionären Gedankengut und angezogen von der Machtfülle, schließen sich Millionen Soldaten aller möglichen Länder dem französischen Heer an. Sachsens König hat sich mit Napoleon verbündet, doch im Herbst 1812 erleidet Napoleon in Moskau seine entscheidende Niederlage. Auf dem Rückzug erwarten ihn Preußen und Österreicher, die sich mit Russland gegen die Franzosen verbündet haben, zu den sogenannten Befreiungskriegen. Sachsen steht noch auf französischer Seite.

Richard ist ein Kriegskind. In seinen ersten Lebensmonaten wechselt seine Mutter Johanna mehrfach mit ihm das Quartier, um den Kriegswirren auszuweichen. Richard ist ein schmächtiges Baby, er kränkelt und schreit so viel, dass seine Mutter ihm nur eine geringe Überlebenschance gibt. Das ist nichts Ungewöhnliches damals. Johanna musste zwei ihrer Kinder im Kleinkindalter sterben sehen. Richard leidet unter Hautausschlägen, auch im Gesicht, die ihn bis an sein Lebensende plagen.

Johanna Wagner

Als Kind hängt Richard zärtlich an der Mutter, wird aber kaum von ihr beachtet. Johanna hatte ihre Liebe über Jahre zwischen zu vielen Kindern aufteilen müssen. Da bleibt kein Verlangen danach, den Jungen auf den Schoß zu nehmen und mit ihm zu schmusen. Richard wird ein ängstliches, aber auch jähzorniges Kind.

Vom 16. bis 19. Oktober 1813 tobt bei Leipzig die sogenannte Völkerschlacht. Napoleon wird geschlagen und muss sich mit sei-

Belagerung Leipzigs, Oktober 1813

nen Truppen aus Deutschland zurückziehen. Über 125 000 Soldaten sterben. Auch die Bevölkerung ist betroffen. Eine Typhus-
Epidemie bricht aus, der Richards Vater wenige Wochen später
zum Opfer fällt. Richard ist gerade mal ein halbes Jahr alt.

Nach dem Tod ihres Mannes zieht Johanna im Spätsommer
1814 mit den Kindern, die noch im Hause sind, nach Dresden zu
Hausfreund Ludwig Geyer. Er hat dort inzwischen als Hofschau-
spieler eine feste Anstellung gefunden. Die beiden heiraten, bekommen eine Tochter Cäcilie und Richard sagt »Vater Geyer«.

Richard liebt seinen Stiefvater. Seinen richtigen Vater hat er
nie gesehen, er kennt nicht mal ein Bild von ihm. Und Ludwig
Geyer kümmert sich um den schmächtigen Jungen. Richard wurde von beiden geprägt: Von Friedrich Wagner hat er den Hang
zum Musischen und Abenteuerlichen geerbt, Ludwig Geyer bie-
tet ihm die Möglichkeit, seine künstlerischen Anlagen auszupro-
bieren. Äußerlich ähnelt Richard wohl am ehesten seiner Mutter.

Talent-
suche

Ludwig Geyer spielt im Dresdner Hoftheater, wo Richard als Vierjähriger seinen ersten Bühnenauftritt erlebt: als Engel in stummer Rolle. Die älteren Geschwister haben inzwischen Theaterberufe ergriffen: Albert ist Sänger, Rosalie und Luise stehen als Schauspielerinnen auf der Bühne. Richard gefällt es, im Theater in alle Winkel zu schlüpfen und hinter den Kulissen umherzuwandern. Unerschrocken drückt er jede Klinke einer verschlossenen Tür und schaut, was sich dahinter befindet. Seine Neugier kennt keine Grenzen und keiner der Theaterleute verscheucht den kleinen Jungen. Im Gegenteil: Während Rosalie in der Maske frisiert wird, sitzt er noch bei ihr auf dem Schoß. Nur zum Schminken schubst sie ihn runter. Diese andere Welt fesselt Richards Fantasie.

Richard wird von seinem Vater Geyer nicht nur in die Theaterwelt eingeführt. Da er auch ein guter Porträtmaler ist, gibt er Richard Zeichenunterricht. Richard wählt zielstrebig die größten Leinwände für seine Bilder. Doch was er darauf malt, kann niemand so recht erkennen. Richard verliert bald die Lust und sein Stiefvater zwingt ihn nicht, dranzubleiben.

Mit sieben wird Richard nach Possendorf in die Pfarrschule von Pastor Wetzel gebracht – drei Stunden zu Fuß von zu Hause entfernt. Er bekommt dort

Selbstbildnis von
Ludwig Geyer

nicht nur die Bibel zu lesen, sondern hört auch die Geschichte des Komponisten Wolfgang Amadeus Mozart. Sie beeindruckt ihn so tief, dass er sich noch als erwachsener Mann gut daran erinnert.

Ungefähr nach einem Jahr, am 28. September 1821, wird Richard eilig nach Dresden gerufen: Vater Geyer liegt im Sterben. Richard fingert im Nebenzimmer auf dem Klavier. Der Todkranke fühlt sich nicht gestört. Im Gegenteil: »Sollte Richard etwa Talent zur Musik haben?«, fragt er Johanna.

Die Schwestern haben Gesangs- und Klavierunterricht und Richard ahmt sie nach. Er singt schön, aber am Klavier wird es heikel: Zwar bewegt er sich wie ein Virtuose, doch seine Finger klimpern irgendwie über die Tasten. Als Richard später Klavierunterricht bekommt, hasst er es, Fingerübungen zu machen. Oft schlägt er den Deckel wütend zu. Er will Klavierspielen können – nicht üben! Zeitlebens bleibt er ein schlechter Pianist. Dafür kann er etwas anderes: Aus dem Gehör findet er die Töne von vielen Liedern auf dem Klavier wieder, die er draußen aufgeschnappt hat.

Gleich nach der Beerdigung Ludwig Geyers nimmt dessen jüngerer Bruder Karl den Achtjährigen mit zu sich nach Eisleben, es ist die bisher längste Kutschfahrt in Richards Leben. Der noch unverheiratete Onkel arbeitet als Goldschmied und hatte schon Richards Bruder Julius als Lehrling in seine Obhut genommen. Den Privatunterricht bei Magister Weiß besucht Richard nur unregelmäßig. Er streunt lieber herum, klettert auf Bäume und lernt, wie man sich mit gleichaltrigen Jungen prügelt – die in der Regel alle größer und kräftiger sind als er.

Bis nach Eisleben dringen die neuesten Melodien aus einer Oper, die für die Musikgeschichte von großer Bedeutung ist: »Der Freischütz«. Der »Jägerchor« wird Richards Lieblingsstück aus dem Repertoire der militärischen Blaskapelle, die in Eisleben stationiert ist, während die Mädchen des Städtchens den »Jungfernkranz« wieder und wieder nachsingen und -spielen. Richard begnügt sich nicht damit, diese beliebten Stücke mitzusingen: Er will Komponist werden!

Volltreffer
»Der Freischütz«

Carl Maria von Weber komponierte mit dem »Freischütz« die erste berühmte romantische Oper in deutscher Sprache. Selten hat ein Publikum eine Uraufführung so bejubelt, wie es die Berliner im Sommer 1821 taten, als sie den »Freischütz« zum ersten Mal hörten. Als Vorlage benutzte Weber eine Gruselgeschichte aus der Zeit des Dreißigjährigen Krieges, der Deutschland in der ersten Hälfte des 17. Jahrhunderts in Atem hielt.

Der Jägersbursche Max und die Förstertochter Agathe wollen heiraten. Dazu muss Max einen Probeschuss liefern, denn mit Agathe erhält der Bräutigam die Försterei. Je näher die Prüfung kommt, umso schlechter trifft Max. Kaspar, der ältere Jägersbursche, verspricht Hilfe. Er lockt Max in die Wolfsschlucht, wo er um Mitternacht sieben Freikugeln gießt: Sechs treffen, die siebte lenkt der Teufel. Agathe hat böse Vorahnungen und sinkt beim Probeschuss prompt zu Boden. Doch der geweihte Rosenkranz auf ihrem Kopf hat sie beschützt: Nicht sie ist getroffen, sondern Kaspar. Max gesteht, mit Freikugeln geschossen zu haben. Zur Strafe wird die Hochzeit mit Agathe um ein Jahr verschoben.

Böse Geister und düstere Vorahnungen beherrschen die Oper, die Hälfte der Szenen spielt im Dunkeln. Der Spuk der Wolfsschlucht ermöglicht das wildeste Horrorkabinett. Die Musik lässt die Zuhörer erleben, wie tiefstes Schaudern höchstes Entzücken auslösen kann. Weber nutzt das Orchester nicht nur als Begleiter der Sänger. Die Melodie wird vor lauter Spannung zerrissen. Die Klangfarben der verschiedenen Instrumente gewinnen an Bedeutung, indem sie einzelnen Figuren und Handlungsmomenten zugeordnet werden: So kündet zum Beispiel der natürliche Klang der Klarinette von der Sehnsucht des Liebespaares, während die schrille Piccoloflöte Kaspar etwas Dämonisches verleiht. Bei aller Raffinesse gelingt es Weber aber auch, so mitreißende Lieder zu komponieren, dass sie ins Volksliedgut übergehen. Das Lied vom »Jungfernkranz« entwickelt sich regelrecht zur Plage, überall wird es gesungen.

Viele Zuschauer erkennen die Parallelen zwischen dem Dreißigjährigen Krieg und den napoleonischen Feldzügen: Deren Folgen trägt vor allem das einfache Volk, das den gewaltsamen Tod vieler Männer betrauert und unter Krankheiten und Hunger zu leiden hat. Auch wenn uns heute der Aberglaube und der Humor des »Freischütz« altmodisch erscheinen: Die Schrecken, die Menschen anderen Menschen einflößen, und die Dumpfheit von Leuten, denen eigene Erkenntnis verwehrt wird, geistern bis heute durch die Welt.

Carl Maria von Weber stirbt früh, im Alter von vierzig Jahren 1826 in London. Achtzehn Jahre später wird sein Leichnam nach Dresden gebracht und dort in einem Ehrengrab beigesetzt. Die Grabrede wird Richard Wagner halten.

Richards Wochen in Eisleben sind gezählt. Karl Geyer heiratet und gibt seiner Ehefrau nach, die den zappeligen, wilden und wehleidigen Jungen nicht bei sich haben mag.

Den Sommer 1822 verbringt Richard in Leipzig bei den Geschwistern seines leiblichen Vaters: Onkel Adolf und Tante Friederike bewohnen einen Teil des Thomé'schen Hauses. In diesem Palais am Markt haben vor der Niederlage Sachsens regelmäßig durchreisende Könige und Adlige übernachtet; auch Napoleon schlief dort. Die für die hochherrschaftlichen Gäste eingerichteten Salons sind unbewohnt, die Fensterläden meist geschlossen, um die abgewetzten Seidenbezüge der Sessel und Sofas nicht unnötig ausbleichen zu lassen. In diesem gespenstischen Dämmer ist Richard sich selbst überlassen. Tagsüber reizt es ihn, den vornehmen Prinzen zu spielen. Nachts aber ängstigen ihn in diesem Haus Albträume. Die Gesichter auf den Porträts der Ahnengalerie starren ihn unheimlich an, sein eigenes Spiegelbild erschreckt ihn. Die zur Rettung herbeieilende Tante sieht unter ihrer Nachthaube auch geisterhaft aus. Die Erleichterung ist groß, als er schließlich nach Dresden zu seiner Mutter und den Schwestern zurückkehrt.

Richard soll auf Wunsch der Mutter einen bürgerlichen Beruf erlernen. Dazu braucht er eine ordentliche Schulbildung. Johanna meldet Richard im Winter 1822 in der Kreuzschule an. Inzwischen sorgen die Schwestern für den Lebensunterhalt: Rosalie als Schauspielerin, Klara als Sängerin. Durch sie kommt Carl Maria von Weber öfter zu Geyers zu Besuch. Die »Freischütz«-Begeisterung erfasst seit der Erstaufführung im Januar 1822 in Dresden die Stadt, in der Weber als königlicher Kapellmeister engagiert ist. So wie früher Ludwig Geyer nimmt nun Carl Maria von Weber den Jungen mit ins Theater.

Carl Maria von Weber

Verwandlung Mit Weber im Theater

Richard betritt zusammen mit Carl Maria von Weber das Haus durch den Künstlereingang.

»Guten Tag, Maestro«, begrüßt der Pförtner den beliebten Musiker. »Wen haben Sie denn heute dabei?«

»Den jungen Mann müssten Sie schon kennen, noch von früher her! Kam damals immer mit seinem Herrn Vater!«, antwortet Weber.

»Nu, sagen Sie bloß, ist das der Kleine vom Geyer hab ihn selig? Nein – Richard!«, lacht der Pförtner.

Aber da ist Richard schon eine Tür weiter ins Haus gewitscht. Er schnuppert den Theatergeruch. Unverändert. Eine hell trällernde Sprankoloratur dringt aus einer der Garderoben.

»Ach, die Madame Haase ist schon im Hause, wunderbar«, meint Weber.

»Hör zu«, wendet er sich an Richard. »Gleich um zehn probe ich mit dem Orchester. Danach kommen zwei, drei Leute zum Vorsingen. Wenn du Lust hast, darfst du dich dazusetzen – aber still sein, verstanden?«

Richard schaut zu dem schlanken Kapellmeister auf und nickt kräftig mit dem Kopf.

Der Weg durch die verwinkelten Gänge hin zum Zuschauerraum ist noch der gleiche. Richard rutscht auf einen der roten Samtsessel, die im ersten Rang stehen. Jetzt ist er groß genug, um über die Brüstung zu schauen. Als kleiner Junge hatte ihn eine der Schwestern noch auf den Schoß nehmen müssen, damit er überhaupt auf die Bühne schauen konnte. Ein paar Musiker der Hofkapelle sitzen bereits auf ihren Stühlen und spielen sich warm. Richard erkennt die Melodie, die die Klarinette übt: eine Arie aus dem »Freischütz«. Leise summt er mit und schlägt sich ein paar Töne später die Hand vor den Mund. »Still sein«, hat Weber ihn gemahnt.

Auf keinen Fall will er stören. Bleiben will er. Bis zum Schluss. Jeden Ton aufsaugen. Pssst.

Komponist oder Dichter?

Johanna ist froh, dass Richard nicht Schauspieler werden will. Wenigstens der Sohn, der noch bei ihr lebt, soll einen ordentlichen Beruf erlernen. Aber der Sturm, der zu seinem zehnten Geburtstag das Puppentheater zerzaust hat, schreckt Richard nicht ab. Er schreibt ein neues Ritterstück, das er den älteren Schwestern zeigt. Sie lachen ihn aus und Richard zerreißt wutschnaubend das Werk. Statt Puppen holt er sich ein paar seiner

Mitschüler aus der Kreuzschule nach Hause, um mit ihnen zusammen den »Freischütz« im Wohnzimmer aufzuführen. Seine kleine Schwester Cäcilie und die vierzehnjährige Ottilie dürfen dabei sein und übernehmen die weiblichen Rollen. Außerdem kennen sie den »Freischütz« genauso gut wie Richard. Mathematik findet Richard grässlich, Erdkunde und Geschichte interessieren ihn auch nicht. Aber er lässt sich von seinem Griechischlehrer Karl Sillig für Griechenland und die griechischen Heldensagen begeistern. Wie Odysseus sieht er sich siegreich gegen Troja kämpfen. Das ist nach Richards Geschmack! Die griechische Sprache empfindet er nicht als Hindernis, sondern Worte und Versmaß inspirieren ihn. Er beginnt, eigene Gedichte zu schreiben, von denen eines sogar gedruckt wird. Richard ist derart motiviert, dass er beschließt, Dichter zu werden. Nach dem Vorbild der Dramen des englischen Dichters William Shakespeare macht er sich an eine Tragödie: »Leubald und Adelaide«.

Als Rosalie ein Engagement in Prag erhält, ziehen die Mutter und die Schwestern Ende 1826 aus Dresden weg. Richard bleibt in der Familie seines Schulfreundes Rudolf Böhme wohnen. Der hat auch ältere Schwestern. Und die bringen ihre Freundinnen mit. In eine von ihnen verliebt sich Richard – zum ersten Mal. Die Angebetete, Malchen Lehmann, bekommt es vermutlich gar nicht mit: Richard ist sprachlos, guckt sie bloß an und wird rot. Im Frühjahr 1827 wird Richard konfirmiert und heißt wieder Wagner. Richard erklärt seinem Freund: »Du heißt Böhme, weil deine Vorfahren aus Böhmen stammen. Ich heiße Wagner. Aber nicht, wie du denkst. Irgendeiner meiner Urururgroßväter mag vielleicht Wagenmacher gewesen sein. Ich bin ein Wagner, weil ich etwas wage!«

In Liebesdingen scheint Richard noch zurückhaltend zu sein. Aber mit gleichaltrigen Jungs kann er schon mächtig auf den Putz hauen. Zum Beispiel reißt er mit ein paar Schulfreunden nach Leipzig aus, um die Studenten nachzumachen. Denn davon träumen die Vierzehnjährigen: so lässig das Lernen zu betreiben und das Herumtreiben zu professionalisieren, wie es die Studenten tun. Immerhin wohnt Richard für kurze Zeit in Dresden allein in einem Dachstübchen und schreibt eifrig an seinem Drama. Weihnachten 1827 ist die Familie wieder in Leipzig versammelt. Richard kommt auf die Nikolaischule, wo ihn die Lehrer sofort als besonders widerspenstig kennenlernen. Er muss eine Ehrenrunde drehen. Doch eine andere erwachsene Autorität übt auf ihn Einfluss aus: Onkel Adolf. Adolf Wagner ist ein sehr belesener, umständlich sprechender Privatgelehrter. Da Richard mit seinen fast fünfzehn Jahren kein Kind mehr ist, das hinter Vorhängen Verstecken spielt und »Such mich!« ruft, sondern begierig den Vorträgen seines Onkels lauscht, wird er als Zuhörer geduldet. Der Onkel erzählt von den großen Dichtern, von Goethe, Dante, Shakespeare, und rezitiert mit veränderter Stimmlage deren Werke. So wird es Richard später auch tun, wenn er den Text aller Figuren seiner Opern den lauschenden Zuhörern vorträgt. Immer noch feilt er an »Leubald und Adelaide«. Er zeigt sein überbordendes Werk den Schwestern: vierzig Tote schon im ersten Akt, die später als Geister erscheinen. Die spöttischen Reaktionen seiner Schwestern verunsichern ihn nicht. Denn er ist überzeugt davon, dass sein Werk erst dann vollständig ist, wenn er die Musik dazu komponiert hat.

Richard leiht sich in der Bücherei ein Buch über Kompositionslehre aus. Wieder und wieder muss er die Frist verlängern. Die Gebühren machen ihn zum ersten Mal zum Schuldner. Der Beginn seines ungeschickten Umgangs mit Geld ist markiert. Die Leihgebühren betragen bald mehr als der Preis für das neue Buch.

Richard kann mit der trockenen Theorie nicht viel anfangen, sie nützt ihm wenig für die musikalische Praxis, um die es ihm allein geht. Heimlich nimmt er Unterricht in Harmonielehre, doch die komplizierten, engen Regeln, nach denen die verschiedenen Stimmen eines Musikstückes geführt werden dürfen, lassen ihn unbefriedigt.

Im April 1829 geht er in die Oper. Ludwig van Beethovens einzige Oper »Fidelio« wird aufgeführt. Die Hauptrolle singt Wilhelmine Schröder-Devrient. Sie ist die berühmteste Sängerin, die an deutschen Opernhäusern zu hören ist. Richard ist so begeistert, dass er ihr einen glühenden Brief schreibt und diesen eigenhändig in ihrem Hotel abgibt.

Hochverehrte Wilhelmine Schröder-Devrient!

Zutiefst bewegt hat mich Ihre Darstellung der Leonore in der gestrigen Vorstellung zu Leipzig. Wie vortrefflich verstehen Sie es, nicht nur Beethovens Musik zu singen, sondern auch das mutige Verhalten der Figur darzustellen. So wie Leonore in Männerkleidern sich Fidelio, der Treue, nennt, um ihren Ehegatten aus dem Kerker zu befreien, haben Sie in mir das befangene Gemüt entfesselt: durch Sie habe ich meine Bestimmung erfahren, Musiker zu werden. Bitte haben Sie die Güte, auf meinen Namen zukünftig achtzugeben! Denn sollte es mir vergönnt sein, meine musikdramatischen Pläne zu verwirklichen und Berühmtheit zu erlangen, wünsche ich mir keine andere Darstellerin auf der Bühne als Sie selbst.

Auf ewig der Ihnen ergebene: Richard Wagner

Richard Wagner ist sechzehn und hat noch kein einziges Musikstück komponiert. Sein großes Vorbild heißt nun: Beethoven.

Vorbild Ludwig van Beethoven

Schon als Kind ist Ludwig van Beethoven ein hervorragender Pianist. Am Klavier und an der Orgel improvisiert er viel, und nach Mozarts Vorbild präsentiert der Vater seinen achtjährigen Sohn der Öffentlichkeit als Wunderkind. Beethoven wird zweiunddreißig Klaviersonaten komponieren, die anspruchsvoll zu spielen sind. Mit dreizehn löst er seinen Lehrer als Hoforganist in seiner Geburtsstadt Bonn am Rhein ab. Nach dem Tod der Eltern zieht er 1792 mit zweiundzwanzig Jahren nach Wien, wo er bis zu seinem Lebensende wohnen bleibt. Beethoven lässt sich bei Joseph Haydn und anderen Komponisten gründlich ausbilden. Außerdem liest er viel und hat starke politische Ideale: »Freiheit über alles lieben, Wahrheit nie verleugnen«, schreibt er 1793.

Beethoven ist der erste Komponist, der als freischaffender Künstler triumphiert. Statt am Hofe eines Adligen angestellt zu sein, findet er spendable Förderer, die Werke bei ihm in Auftrag geben und ihm ein regelmäßiges Einkommen ermöglichen. Er führt eine eigene Werkliste, in der er seine Stücke mit Opus-Zahlen nummeriert, und behält so die Hoheit über sein Werk. Der Künstler und seine Musik sagen selbstbewusst »Ich!«. Während Musik zuvor der Unterhaltung und der Ausschmückung von Feierlichkeiten diente, rückt bei Beethoven der künstlerische Ausdruck ins Zentrum. Mozarts Kompositionen sind vollkommen; Beethoven kann man musikalisch denken hören. Seine neun Sinfonien unterscheiden sich stark voneinander. Ihre Form und die Art, wie Beethoven in ihnen mit musikalischen Einfällen umgeht, sind so außerordentlich, dass sie als neuer Maßstab von keinem späteren Komponisten übertroffen werden.

Ludwig
van Beethoven

Klassische Musik ist ihren Schöpfern klar zu-
zuordnen – im Gegensatz zur Volksmusik. Die
Komponisten klassischer Musik notieren so genau
wie möglich, welche Töne und Klänge wann von wem
wie gespielt werden sollen. Dennoch bleibt ein großer
Interpretationsspielraum. Die ausführenden Instrumen-
talisten und Sänger deuten zum Beispiel, wie schnell für
sie »schnell«, wie leise »leise« ist und viele andere Feinheiten.

Beethoven erkrankt schon mit Ende zwanzig an einem Ge-
hörleiden. Seine Taubheit behindert ihn zwar nicht beim Komponieren, aber im Alltag macht sie ihn mürrisch und einsam.
Seine letzte, die 9. Sinfonie hört er deshalb nur im Kopf. Die Musiker waren bei der Uraufführung 1824 technisch so überfordert,
dass das Publikum zunächst verwirrt war und die Qualitäten dieser Musik gar nicht richtig einschätzen konnte. Richard Wagner
wird der Sinfonie dank gründlicher Proben mit der Hofkapelle in
Dresden ab 1846 zu ihrem Siegeszug verhelfen.

Wagner
als Autodidakt

Häufig besucht Richard Konzerte im Gewandhaus. Nachdem das Gebäude zunächst den Leipziger Stoffhändlern als Lager diente, musiziert dort seit 1781 das angesehene bürgerliche »Gewandhausorchester«, das diesen Namen bis in unsere Zeit trägt. Dort hört Richard mehrere Sinfonien Ludwig van Beethovens. Mit dem Buch zur Kompositionslehre und dem trockenen Harmonieunterricht bei Christian Gottlieb Müller, einem Geiger des Gewandhausorchesters, kommt er nicht recht weiter. Deshalb ersinnt Richard ohne Lehrer eine Methode, um Komposition zu studieren. Wenn einer ohne Hilfe das Einradfahren erlernt, probiert er so lange, bis er das Gleichgewicht behält und nicht mehr umkippt. Beim Komponieren ist es etwas komplizierter. Richard fängt an, Beethovens Orchesterpartituren zu lesen. Als es ihm gelingt, die Noten der 9. Sinfonie zu besorgen, beschließt er, sie abzuschreiben.

Die Partitur ist fast dreihundert Seiten dick. Er erforscht sie bis ins kleinste Detail, indem er bei der Abschrift von Hand keinen Notenpunkt übersieht und sämtliche Stimmen der Instrumente in bis zu zweiundzwanzig Notenzeilen übereinander genau anordnet. Von der höchsten Stimme der Piccoloflöte bis zur untersten Zeile der Kontrabässe. Er fertigt sogar, wie es damals üblich ist, eine Klavierbearbeitung an. Darin fasst er alle wesentlichen Harmonien, Stimm- und Melodieverläufe für zwei Hände am Klavier zusammen. Wer vor Erfindung des Radios Musik kennenlernen wollte, musste sie im Konzert hören oder sie sich selber am Klavier anhand der vorhandenen Bearbeitungen erschließen. Mithilfe von Klavierauszügen ersetzen Pianisten bis heute während der Gesangsproben zu Opern das Orchester. Ein Klavierauszug ist so etwas wie eine Schwarz-Weiß-Skizze eines

Gewandhaus in Leipzig

farbigen Ölbildes. Richard schickt den Klavierauszug der Sinfonie dem Schott-Verlag in Mainz und hofft, dass man ihn dort veröffentlicht. Nach langem Warten erhält er eine Absage.

Endlich macht sich Richard daran, selber zu komponieren. Es entstehen erste Sonaten und eine wenig originelle Ouvertüre mit Paukenschlag nach Haydn'schem Vorbild. Joseph Haydn komponierte über hundert Sinfonien, darunter auch eine »mit dem Paukenschlag« als Überraschungsmoment. Während Sonaten und Sinfonien drei- bis viersätzige Musikstücke sind, begnügt sich Richard mit einem einteiligen Werk. Schon Beethoven hat Ouvertüren, das heißt Einleitungsstücke zu Bühnenwerken komponiert.

Richards Ouvertüre in B-Dur wird an Weihnachten 1830 im Theater in Leipzig aufgeführt. Richard sitzt aufgeregt neben seiner Schwester Ottilie. Zunächst ist es mucksmäuschenstill. Doch bald schon hat das Publikum den Witz der Komposition durchschaut: Nach jedem vierten Takt folgt ein Paukenschlag. Richard hat das schlichte Muster überstrapaziert. Sein Musikstück wird vom Publikum ausgelacht. Ein anderer als Richard Wagner hätte nach einer solchen Blamage vielleicht seinen Traum aufgegeben, Komponist werden zu wollen, aber Richard ist unbeirrbar. Er bricht die Schule ab, um sich noch intensiver mit Musik zu befassen. »Lasse alles liegen, treibe nur Musik ohne Unterricht«, notiert er in sein Tagebuch.

Richard kann sich ohne Schulabschluss als Student an der Universität für Musik einschreiben. Mehr als die trockenen Vorlesungen reizt ihn jedoch das feuchtfröhliche Studentenleben. Er zieht mit Studenten aus sogenannten Burschenschaften umher, die sich in Fechtkämpfen gegenseitige Mutproben liefern. Bei aller körperlichen Zartheit probiert Richard seine ungestüme Seite aus: Er krakeelt herum und provoziert eine Kette an Duellen, die zum Glück glimpflich verlaufen. Außerdem hat er bereits einen Berg Schulden. Einmal versucht er sich – mit der Witwenrente seiner Mutter – im Glücksspiel. Diese Spieltour verläuft haarsträubend, auch wenn er am Ende Rente und Schulden zurückzahlen kann. Er ist kuriert: Er spielt nie wieder. Aber er macht sein Leben lang Schulden.

Nun wird es mit dem Komponieren ernst: Richard ist achtzehn und muss gespürt haben, dass seine Kompositionen alle ein bisschen nach Haydn oder Beethoven klingen. Von einem eigenen Stil ist er noch weit entfernt. Es gelingt Richard, Schüler von Thomaskantor Theodor Weinlig zu werden. Dieser leitet in der Leipziger Thomaskirche die Kirchenmusik. Sein berühmtester Vorgänger war Johann Sebastian Bach, der von 1723 bis zu seinem Tod 1750 in Leipzig wirkte. Da Weinlig keine Schüler mehr unterrichten will, bringt Richard eine selbst komponierte Fuge und seine Mutter mit, um Weinlig gnädig zu stimmen. Und es gelingt. Weinlig verbietet ihm zunächst jegliches Komponieren, aber dafür lässt er Richard gründlich Kompositionen analysieren: ihren Aufbau, die Harmonik, die Gestalt der Themen und ihre Entwicklung. Das unterscheidet sich im Grunde nicht so sehr von Richards autodidaktischem Studium und der Abschrift Beethoven'scher Sinfonien. Nur dass Weinlig ihn zu viel mehr

Sorgfalt und eigenständigem Denken zwingt. Sein strenger Unterricht führt innerhalb weniger Monate zu Erfolgen. Nachdem das Kompositionsverbot aufgehoben ist, schreibt Richard eine Ouvertüre in d-Moll, die im Theater aufgeführt wird. Diesmal kann er sich über einen wirklichen Erfolg freuen: Sein Stück wird ein zweites Mal im Februar 1832 im Gewandhaus aufgeführt, dem viel bedeutenderen Konzertsaal Leipzigs.

Kurz darauf besucht Weinlig Richards Mutter, die sofort nichts Gutes ahnt. Doch statt sein Honorar zu verlangen, verkündet Weinlig das Ende der Lehrzeit: »Ich kann Ihrem Sohn nichts mehr beibringen. Noch nie hat ein Schüler solche Fortschritte gemacht. Wenn ich für dieses Vergnügen auch noch Geld verlangte, wäre ich wahrlich ein schlechter Mensch.«

Für Richard ist die Zeit gekommen, sich auf Wanderschaft zu begeben. Im Gepäck hat er sein Gesellenstück, eine Sinfonie in C-Dur, und die Konzertouvertüre. Vom Musikleben der Stadt Wien im Spätsommer 1832 ist er enttäuscht. Beethoven ist seit fünf Jahren tot und die Stadt verfällt zunehmend dem Walzerrausch. Das Orchester des Konservatoriums, dem er seine Ouvertüre vorlegt, lehnt es ab, Richards Werk auch nur durchzuspielen. Etwas weiter nördlich, in Prag, hat er mehr Glück: Er findet Kontakt zu dem strengen Direktor des Prager Konservatoriums, der Richards Sinfonie tatsächlich uraufführt. Doch Richard erprobt sich in diesen Tagen nicht nur als Komponist – er macht auch seine erste bittere Erfahrung als Liebhaber.

Liebeskummer

Richard ist seit drei Wochen auf Schloss Pravonin zu Gast, das etwas außerhalb von Prag liegt. Die dort wohnende Familie des Grafen Pachta ist ihm lose bekannt, seit seine Schwestern in Prag auf der Bühne standen. Auf dem Rückweg von seiner Wienreise hat sich Richard selbst eingeladen: Der großzügige Graf kann dem neunzehnjährigen jungen Mann nicht einfach die Tür weisen.

Richard bezieht eines der vielen Gästezimmer. Meist hält er sich aber im Salon auf. Denn dort treffen sich die weiblichen Familienmitglieder. Der Graf hat zwei Töchter: eine schwarzhaarige und eine blonde. Beide findet Richard ausgesprochen hübsch. Er genießt es, ihnen bei ihren Handarbeiten zuzuschauen und versucht sich im Flirt. Der einen hilft er Wolle aufzuwickeln, der anderen hebt er eine heruntergefallene Nadel auf. Beiden macht er Komplimente: wie geschmackvoll sie sich kleiden, wie hübsch sie sich frisieren. Alle bekommen leicht amüsiert mit, wie sich Richard schließlich zu der Entscheidung durchringt, seine Aufmerksamkeit ganz Jenny zu schenken, der dunkelhaarigen, älteren Schwester.

Am meisten genießt er es, neben ihr am Klavier zu sitzen. Er rückt zwei Stühle davor, damit sie vierhändig spielen können. Hin und wieder berühren sich in der Mitte ihre Schultern.

Eines Nachmittags hört er Stimmen im Salon. Zwischen die Stimmen der Schwestern mischen sich die der Mutter und die eines Mannes. Sie klingt aber nicht wie die Stimme des Grafen. Richard bekommt Herzklopfen. Etwas linkisch betritt er den Salon. Das Gespräch verstummt für einen Moment. Dann setzt es wieder ein, ohne dass er dem jungen Mann auf dem Sofa vorgestellt worden wäre. Richard fühlt sich elend.

Am Abend zieht ihn die Mutter auf dem Gang vor dem Speisezimmer beiseite: »Lieber Richard, Sie sind sich hoffentlich darüber im Klaren, dass Sie uns ein willkommener Logiergast sind. Aber bitte vergessen Sie nicht, dass meine Töchter Damen von

Stande sind. Ich fühle große Verantwortung dafür, dass die beiden eine standesgerechte Wahl treffen.«

Dabei blickt sie ihn so durchdringend an, dass Richard rot wird und mit gesenktem Kopf losquasselt: »Aber natürlich, gewiss doch, selbstverständlich, wie könnte ich es wagen, nie würde es mir in den Sinn kommen ...«

Als er wieder aufblickt, steht er allein auf dem Flur. Richard fühlt sich betrogen und gekränkt. Der Appetit ist ihm vergangen. Er geht raus in den Park. In sicherer Entfernung, so dass ihn niemand mehr hören kann, beginnt er zu brüllen: »Was für ein gelackter Affe, dieser adelige Schnösel da auf meinem Platz im Salon. Wie konnte ich nur so blind sein? Was bin ich für ein Blödmann! Die haben einfach keinen Sinn für Kunst! Für Geist!«

Plötzlich erinnert er sich an eine Geschichte, die er in dem Sammelband »Ritterzeit und Ritterwesen« gelesen hat: »Die Hochzeit«. Darin geht es um eine Braut, die einen Liebhaber verschmäht. Der Liebhaber stirbt kurz darauf durch einen dummen Zufall, den die junge Frau verursacht. An seinem Grab erkennt sie ihre Schuld und sinkt voll Reue tot zu Boden.

»Genau das ist es!«, denkt Richard. »Wenn ich erst mal dieses Drama komponiert habe und Erfolg damit habe, wird Jenny sich zu Tode ärgern!«

Zweiter
Aufzug

Die erste Oper, die erste Stelle und Liebe zur »Ersten Liebhaberin«

Wenige Tage nach der verletzenden Warnung von Jennys Mutter reist Richard von Schloss Pravonin ab. Das beste Mittel gegen seinen Liebeskummer ist Arbeit.

Aus »Die Hochzeit« soll sich seine erste Oper entwickeln: Mit der Hochzeit von Ada und Arindal wollen sich zwei lange verfeindete Familien wieder versöhnen. Bei der Feier verlieben sich jedoch Ada und Cadolt, ein Verwandter Arindals. Ada widersteht zunächst der Versuchung. Sie stößt Cadolt weg, er stürzt vom Balkon. Über seiner Leiche bricht Ada tot zusammen.

Richard zeigt den Text seiner Schwester Rosalie. Sein »Nachtstück von schwärzester Farbe«, wie er es beschreibt, hält ihrer schonungslosen Kritik nicht stand. Richard vernichtet den Text. Nur die Noten der ersten Szene bewahrt er vorsichtshalber auf. Doch Rosalie ermutigt ihn weiterzumachen. Um seine Arbeit abzukürzen, benutzt Richard das bereits existierende Theaterstück »Die Frau als Schlange« des erfolgreichen Dichters Carlo Gozzi und baut es zu einem Textbuch um. »Die Feen« bringen Menschen- und Geisterwelt zusammen, und jetzt geht die Geschichte so: Arindal verliebt sich in die geheimnisvolle Ada. Sie heiratet ihn unter der Bedingung, acht Jahre lang nicht nach ihrem Wesen zu fragen und ihrer Liebe blind zu vertrauen. Arindal wird schließlich ungeduldig, bricht das Frageverbot und erfährt, was der Titel schon lange verraten hat. Ada ist kein Mensch, sondern eine Fee. Nach etlichen Prüfungen und Verwandlungen werden beide wieder ein Paar und besteigen den Thron des Feenreiches. Dafür muss Arindal die Menschen für immer verlassen.

Auch wenn Richard Wagner seine erste Oper nie aufgeführt sieht und sich später nicht mehr für sie starkmacht, bleibt er seinem Geschmack treu, dem wir heutzutage vermutlich in Fantasyromanen und -filmen begegnen. In all seinen Werken bringt Wagner Geister, Hexen, Götter, Feen und Menschen zusammen. Alle Schätze und Gefahren können nur durch eine mächtige Gewalt erobert und bezwungen werden: die Liebe.

Richard ist inzwischen zwanzig Jahre alt. Er will im praktischen Theaterbetrieb mitwirken und nimmt eine Stelle als Chordirektor am Theater in Würzburg an. Dort arbeitet sein ältester Bruder Albert als Sänger im Ensemble. Nebenher komponiert Richard »Die Feen«. Musikalische Vorbilder wie Weber und Heinrich Marschner beeinflussen ihn, und er lernt viel in der täglichen Probenarbeit. Es werden Opern von Auber, Cherubini, Marschner und Meyerbeer einstudiert – alle sind lebende Komponisten.

Richard entwickelt beim Komponieren eine Arbeitsweise, die er sein Leben lang beibehält: Erst schreibt er sich selbst den Text. Dann fertigt er eine »Kompositionsskizze« an. Sie versammelt alle musikalischen Motive, also kurze Melodien oder Akkordverbindungen, und Grundüberlegungen wie zum Beispiel die Tonart (C-Dur, d-Moll etc.) oder bestimmte Instrumente (z. B. Horn), die eine Szene prägen sollen. Als Nächstes sortiert er in der »Orchesterskizze« alle Stimmen. Parallel dazu beginnt er mit der Niederschrift der Partitur. Hier legt er fest, welches Instrument welche Stimme spielen soll und welche Stimme gesungen wird. Weil er erst zu diesem Zeitpunkt entscheidet, welche Stimme die Sänger übernehmen sollen, sind seine Melodien oft schwer mitzusingen und auch für die Sänger nicht einfach einzuprägen. Wagner wird das Orchester extrem wachsen lassen. Bis zu hundert Musiker werden bei seinen Opern im Orchestergraben zwischen Publikum und Bühne sitzen. Obwohl Richard im Alltag zu Unordnung neigt und ein gewisses Durcheinander um sich herum liebt, sind seine Partituren stets sauber und ordentlich.

Richard Wagners Notenhandschrift

Anderthalb Jahre später, im Sommer 1834, erhält Richard Wagner die Aufforderung, als Musikdirektor ans Magdeburger Theater zu kommen. Er trifft die Truppe in Bad Lauchstädt, denn es ist Sommer und Gastspielzeit. Aus Liebe zur »Ersten Liebhaberin«, so nennt sich das Rollenfach der Schauspielerin Minna Planer, unterschreibt Richard seinen Arbeitsvertrag. Minna wird umringt von lebensechten Liebhabern. Bei ihr ist Natalie, angeblich ihre fünfzehn Jahre jüngere Schwester, in Wirklichkeit aber ihre uneheliche Tochter. Die männlichen Konkurrenten spornen Richard in seinem Werben an, Minnas Tochter Natalie nimmt Richard als Bruder von fünf Schwestern gerne in Kauf. Die Beziehung zu Minna, die zwei Jahre später seine Ehefrau wird, verläuft in ständigem Auf und Ab. Zunächst brennt sie mehrfach mit anderen Männern durch, später, bis zu Minnas Tod, ist Richard derjenige, der Reißaus nimmt.

Minna Planer

In der Zeit vom Herbst 1834 bis Frühjahr 1836 erlebt die Magdeburger Truppe einen musikalischen Aufschwung. Richard Wagner bringt Opern von Mozart (»Don Giovanni«), Rossini (»Der Barbier von Sevilla«), Weber (»Der Freischütz«) und anderen Komponisten auf die Bühne – in guter Qualität. Der Grund für diesen Erfolg liegt an seiner Art zu dirigieren.

Als
Kapellmeister
unterwegs

Beethoven und alle nachfolgenden Komponisten erweitern die Funktionen des Orchesters: Die Musik des 19. Jahrhunderts legt zunehmend Wert auf die unterschiedlichen Klangfarben der Instrumente. Die Holzbläser – Flöte, Oboe, Klarinette und Fagott – werden jetzt häufig nicht nur doppelt, sondern drei- und mehrfach besetzt. Weil das mehr Musiker erfordert, muss die Klangbalance durch eine ebenfalls größere Zahl an Streichern (1. und 2. Geigen, Bratschen, Violoncelli und Kontrabässe) ausgeglichen werden. Das Orchester wächst. Sitzen bei einer Mozart-Sinfonie zwischen dreißig und vierzig Musiker zusammen, benötigen Beethovens Sinfonien schon beträchtlich mehr Instrumente. Das Musizieren der Werke wird immer anspruchsvoller.

Die meisten Orchester waren Hofkapellen und gehörten einem Fürsten oder König. Sie wurden von dem Konzertmeister geleitet, dem vordersten 1. Geiger. Opernaufführungen benötigen einen Kapellmeister oder Dirigenten, der die Abstimmung zwischen Bühne und Orchester übernimmt. Die Kapellmeister hatten sich entweder aus dem Orchester hochgearbeitet oder schon an anderen Orten bewiesen, dass sie einen musikalischen Apparat steuern konnten. Die Autorität eines Dirigenten beruht auf vielen Eigenschaften. Er muss die Noten des Stückes, also die Partitur sehr gut kennen und eine eigene Klangvorstellung entwickeln. In Proben und während der Aufführung korrigiert er das Zusammenspiel der Musiker und animiert sie dazu, seiner musikalischen Vorstellung zu folgen. Dazu muss er sehr gut hinhören und herausfinden, wie er seine Wünsche am besten vermittelt. Keine leichte Aufgabe! Bis heute gibt es immer noch viel mehr

Männer als Frauen, die sich in diesem Beruf ausbilden lassen. Die wenigen Dirigentinnen sind genauso gut, mittelmäßig oder hervorragend wie ihre männlichen Kollegen. In den Orchestern sitzen bald genauso viele weibliche wie männliche Spieler. Für Richard Wagner entscheidet die Wahl des Tempos über das Gelingen des Vortrags. »Tempo« heißt im Italienischen »Zeit«. Musik braucht Zeit. Natürlich braucht man auch Zeit, um ein Bild anzuschauen. Aber das fertige Bild verändert sich nicht. Ein Musikstück muss jedes Mal von Neuem erklingen. In der Musik ist alles Veränderung, Bewegung. Musik ist gestaltete Zeit. Deshalb beeinflusst jede minimale Beschleunigung oder Verlangsamung die Wirkung eines Musikstücks. Als würde ein blauer Himmel auf einem Bild mal dunkler oder heller erscheinen.

Wagner beschäftigt sich ausführlich mit den Spieltechniken der einzelnen Instrumente. Denn er will, dass die Musiker jeden Ton mit Leben erfüllen. Nicht nur die Sänger auf der Bühne, sondern das gesamte Orchester soll singen! Wagner entwickelt eine lebhafte Zeichensprache, um als Dirigent mit dem Orchester zu kommunizieren. Mit seiner Körpersprache, seinen Armen, dem Gesichtsausdruck und dem eigenen Atem nimmt er vorweg, welchen Ausdruck er sich von den Musikern umgesetzt wünscht.

Im März 1836 wird Wagners zweite Oper »Das Liebesverbot« zum ersten Mal aufgeführt. Der Text stützt sich auf Shakespeares Komödie »Maß für Maß«. Die männliche Hauptfigur dieser »Großen komischen Oper« wird über das von ihm verhängte Liebesverbot selber stolpern. Die Oper endet mit einem Festumzug zu einer Doppelhochzeit.

Nur zehn Tage Probenzeit werden dem Ensemble eingeräumt und die Vorstellung verläuft dementsprechend haarsträubend: Die Sänger können ihren Text nicht, kein Zuschauer versteht die Handlung.

Richard hat außerdem mal wieder Geldsorgen. Er hat in Magdeburg eine viel zu teure Wohnung für sich, Minna, ihre Mutter und Natalie gemietet. Auch bei Gastwirten und Schneidern häufen sich seine Schulden. Immer wieder wendet er sich an seinen ehemaligen Leipziger Schulfreund Theodor Apel: »Du hast mir auch das Geld nicht geschickt, – warum bringst Du mich in so gemeine Verlegenheit, Dich darum zu mahnen, was Du mir nicht schuldig bist?« Er behauptet, wahnsinnig zu werden, wenn er nicht bald seine Gläubiger bezahlt, die sich wohlweislich nicht mit Richards Zukunftsspekulationen zufriedengeben. Aber er spottet auch über seinen großzügigen Freund: »Ach, wie kann ich Dir denn so etwas schildern? Du kennst ja dies Elend nur von Hören-Sagen! Du sollst mir auch nichts schenken, aber kauf' mir die Einnahme meiner Oper ab!« Gemeint ist »Das Liebesverbot«, deren Einnahmen er optimistisch auf 100 Taler schätzt. Die zweite Aufführung des »Liebesverbotes« spielt vor fast leerem Haus. Das Theaterensemble wird wegen Zahlungsunfähigkeit aufgelöst.

Als Minna ein Engagement in Königsberg erhält, reist Richard ihr nach und flieht damit zugleich vor seinen Gläubigern. Er hofft, Musikdirektor in Königsberg zu werden – vergeblich. Am 24. November 1836 heiratet der dreiundzwanzigjährige Richard seine um vier Jahre ältere Minna.

Im Sommer 1837 erhält Richard Wagner den Ruf als Kapellmeister nach Riga. Minna nimmt endgültig Abschied von der Bühne. Von nun an ist sie Ehe- und Hausfrau, die zu den Strapazen von Richards Leben auch noch seinen launischen Charakter erträgt. Kinder bleiben aus. Dafür wechseln nun die Haustiere: Mehrere Papageien und vor allem Hunde werden zu ständigen Begleitern der Wagners.

Nach zweijähriger Dienstzeit wird Richards Vertrag in Riga nicht verlängert. Einerseits ist er tief beleidigt, andererseits strebt er ohnehin aus der

Provinz in die große Welt. Er hofft auf den Durchbruch in der Opernstadt Paris. Verblendet und zugleich pragmatisch – Richard nimmt Französischunterricht – machen sich Richard und Minna auf die Reise. Mit ihrem Hund, dem Neufundländer Robber, sind sie wieder einmal auf der Flucht vor den Gläubigern.

Verwandlung Abenteuer auf hoher See

Am 19. Juli 1839 gelangen Richard, Minna und Robber auf das Segelschiff *Thetis,* das an einer kleinen Landzunge bei Pillau vor Anker liegt. Von der Hafenwache unbemerkt, hat Kapitän Wulff das merkwürdige Trio zu seiner sechsköpfigen Besatzung an Bord geschmuggelt. Die Fahrt soll acht Tage dauern. Das Schiff ist mit Hafer und Erbsen beladen, die nach London transportiert werden. Noch am selben Tag laufen sie bei strahlendem Sonnenschein aus. Richard hat es sich in einem Liegestuhl an Deck bequem gemacht. Voll freudiger Pariserwartung liest er einen französischen Roman. Wegen anhaltend schwachen Windes nähert sich das Schiff erst am 25. Juli der dänischen Küste bei Kopenhagen. Der Kapitän bittet die illegalen Passagiere in eine enge Seilluke, um sie vor den Augen der Zollbeamten zu verstecken. Die Meerenge ist passiert. Der Blick auf Schloss Helsingör erinnert Richard an den Dänenprinzen Hamlet aus Shakespeares Drama. Und noch andere Lektüreerinnerungen kommen an die Oberfläche.

Er fragt die Mannschaft: »Die Geschichte vom Fliegenden Holländer – erzählt man sie sich auch bei euch?« Er selbst hat sie in einem Buch des Dichters Heinrich Heine gelesen.

»Aber sicher!«, sagt der Lange Karl. »Der Holländer kreuzt auf seinem Geisterschiff seit Urzeiten übers Meer. Kann weder landen noch sterben noch glücklich werden.«

»Nie würd ich bei so 'nem zwielichtigen Käpt'n anheuern – eher sauf ich die Ostsee leer«, meint Koske, der den in der Kajüte gelagerten Branntwein bevorzugt.

Zwei Tage später erreicht die Mannschaft die Nordspitze Dänemarks. Im Skagerrak erhebt sich ein fürchterlicher Sturm. Die Wellen heben das kleine Schiff in die Höhe, um es plötzlich wie ins Nichts fallen zu lassen. Der Wind knattert in den Segeln, er reißt an den Tauen und bringt sie zum Sirren. Gischt und Regen vernebeln die Sicht. Richard meint neben der *Thetis* das Geisterschiff des Fliegenden Holländers auftauchen zu sehen. Richard und Minna verkriechen sich in die Kapitänskajüte. Schlotternd vor Angst und Übelkeit erwarten sie ihr Ende.

Nach zwei vollen Tagen und Nächten rettet der Kapitän das Schiff und die Besatzung in einen Fjord an der norwegischen Küste. Die Felswände werfen das gesungene Kommando der Matrosen zurück:

»Hojohe! Hallojo! Hojohe! Hallojo! Hallojoh! Hallojoh! Hallojoh!«

»Der Fliegende Holländer«

Richard Wagner gestaltet unmittelbar aus der eigenen Lebensgefahr und Rettung den Beginn der Oper.
Die Ouvertüre: sehr dramatisch und – laut! Der Sturm zerrt an den Seilen, Wellenberge spülen in d-Moll aus dem Forte noch weiter anschwellend in die Gehörgänge, schleudern ihre Gischt fortissimo in die Höhe und lassen den Brustkorb erzittern. Im Schaum auf der Oberfläche erahnt man in den Umrissen das darunter versunkene Schiff des Holländers: Nach den sich aufbäumenden und herabsinkenden Klangmassen wiederholen die Hörner sein Signal.
Die tiefen Streichinstrumente wiederholen das Motiv und lösen es auf. Stille. Eine beruhigende Melodie steigt in den Holzbläsern herab, so innig und zugleich so weittragend wie ein Gebet. Das Schicksal des Holländers ist furchtbar und übermächtig. Immer wieder treibt es aus der Tiefe heran. Es tauchen die Gesänge der Matrosen und der norwegischen Mädchen auf, doch sie werden von der Gewalt der Holländermusik verschluckt. Zuletzt gelingt es der ruhigen Melodie, die Ouvertüre zu einem harmonischen Ende in D-Dur zu führen.
Der Fliegende Holländer hat vor langer Zeit geschworen, um jeden Preis ein Kap zu umsegeln. Dafür verdammt ihn der Teufel, ewig auf den Weltmeeren zu bleiben. Nur die Treue einer Frau kann ihn von dem Fluch erlösen. Deshalb darf der Holländer alle sieben Jahre das Festland betreten. Inzwischen sehnt er

Holländermotiv

sich weniger nach der Liebe einer Frau als nach dem Tod. In den zwei Stunden der Oper schafft es Wagner, uns die lange während Qual des Seemanns begreiflich zu machen und mit ihm den entscheidenden Erlösungsmoment herbeizusehnen und zu empfinden, wenn er bei seinem Landgang auf Senta trifft. Senta kennt die Sage vom Holländer schon lange: Sein Bild hängt über der Tür. Nachdem sie die Ballade über ihn gesungen hat, fühlt sie, dass sie diejenige sein wird, die seinem Leiden ein Ende bereitet. Die Legende wird Wirklichkeit. Das Schicksal des Holländers reizt Wagner als Künstler. Beide sind rastlos auf der Suche – der Seefahrer sucht die Erlösung durch den Tod, der Künstler sucht danach, seine Sicht der Welt zum Ausdruck zu bringen und anderen mitzuteilen.

Beide werden von ihrer Umwelt missverstanden, sie fühlen sich als Außenseiter. Die Begegnung von Menschen- und Geisterwelt erlaubt es Wagner, eine Musik zu schreiben, in der in den Szenen am Meer noch etwas von Webers Wolfsschlucht aus dem »Freischütz« nachklingt. Wagner fühlt sich zwar von den Opernregeln seiner Zeit beengt, im »Holländer« befolgt er sie aber noch: drei Akte, Chöre, Arien, gesungene Balladen. Die überwältigende Sphäre des Meeres, aus der der Holländer auftaucht, und die unergründliche Tiefe des Mitgefühls, welches Senta erfüllt, lösen eine Musik aus, die die Grenzen des Gewohnten überschwemmt. Leitmotive weisen die klingende Spur durch Gefühle, Gedanken und Taten der Personen.

Elendsjahre im glänzenden Paris

Zwischen Spätsommer 1839 und Frühjahr 1842 bemüht sich Richard Wagner vergeblich, in der Hauptstadt der Oper Fuß zu fassen. Bevor er sich an die Arbeit des »Holländers« macht, komponiert er in Paris die »Große tragische Oper« »Rienzi, der letzte der Tribunen«. Das Textbuch hat er schon in Riga geschrieben. Über Empfehlungen des Komponisten Giacomo Meyerbeers hofft er, »Rienzi« in irgendeinem Opernhaus Europas zur Uraufführung zu bringen, am liebsten in Paris.

Giacomo Meyerbeer wurde als Jakob Liebmann Meyer Beer 1791 bei Berlin geboren. Er ist der älteste Sohn einer wohlhabenden jüdischen Familie. Seine musikalische Begabung wird gefördert und er studiert unter anderem gemeinsam mit Carl Maria von Weber Komposition. Er schlägt jedoch einen ganz anderen Weg ein: Während Weber mit der ersten deutschen romantischen Oper, dem »Freischütz«, berühmt wird, gelangt Meyerbeer über das Studium der italienischen Oper nach Paris. Dort wird er zum gefährlichsten Konkurrenten Gioacchino Rossinis und entwickelt sich zum mächtigsten Vertreter der französischen Grand Opéra.

Die Bezeichnung »Grand Opéra« umfasst Opern, die zwischen 1820 und 1860 in Paris entstanden sind. Die meisten Komponisten dieser Gattung sind keine Franzosen, sondern Italiener wie Rossini oder Deutsche wie Meyerbeer. Auch wenn diese fünfaktigen Kolosse ihre eigenen Regeln entwickeln, ziehen sie aus ganz vielen älteren Opern- und Theaterformen ihren Nutzen. Statt antiker mythologischer Stoffe greifen die Opern historische Ereignisse auf, wie etwa in Meyerbeers »Die Hugenotten«. Die

Aufführung in der Pariser Oper

politischen Konflikte enden immer tragisch. Jetzt geht es nicht
mehr um die unglückliche Liebe zwischen Göttern oder Königen. Jetzt prallen Religionen oder Völker aufeinander. Der Chor
spielt dabei eine große und wichtige Rolle. So tritt der Herren-
chor nicht nur als Soldaten einer Kolonialmacht auf, sondern im
Chor bekommen auch unterdrückte Männer und Frauen eines
Volkes Gesicht und Stimme. Unmengen an historischen Kostümen werden genäht. Die wechselnden Bühnenbilder zeigen möglichst genau, wie es an den historischen oder auch weit entfernten
Orten ausgesehen haben mag. Technische Fortschritte machen
es möglich, Naturkatastrophen wie einen Vulkanausbruch auf
der Bühne zu zeigen. Auf der großen Bühne ist auch noch Platz
für echte Pferde.

Die musikalischen Tragödien werden so gründlich geplant wie
die erfolgreichsten Komödien: Alle Effekte sind genau berechnet.
Auf einen festlich beleuchteten Speisesaal folgt eine nächtliche
Gartenszene, auf eine laute Chorpassage eine zarte Liebesszene.

Viele Abläufe sind so stark konstruiert, dass sie den Zuschauer nicht mehr überraschen, sondern vorhersehbar sind. Und sein sollen: Nach der Pause muss die Balletteinlage stattfinden. Im 19. Jahrhundert gibt es zwar weder Kino noch Fernsehen, doch innerhalb der Grand Opéra wechseln bereits die Kanäle, damit jeder auf seine Kosten kommt. Manche Herren betreten überhaupt erst nach der Pause das Theater. Wehe, wenn sie dann kein Ballett zu sehen bekommen! Die Balletteinlagen werden in manchen Opern sogar zu Werbezwecken genutzt. Weil da die Männer besonders aufmerksam auf die Bühne schauen, springen die Tänzerinnen mit Werbeschildern über die Bühne.

In den 1830er Jahren erlebt das Bürgertum in der französischen Hauptstadt einen enormen Aufschwung. Nachdem Napoleon in den Befreiungskriegen besiegt worden war, trafen sich 1814/15 die europäischen Herrscher zum Wiener Kongress. Es ging vor allem darum, die Mächte Europas wieder ins Gleichgewicht zu bringen. Die Großmächte England, Frankreich, der Vielvölkerstaat Österreich und Russland waren darauf bedacht, dass sich die deutschen Einzelstaaten in der Mitte Europas untereinander vertrugen. Keinesfalls aber sollten sie sich zu einem großen deutschen Staat vereinigen. Die adligen Herrscher versuchen in der ersten Hälfte des 19. Jahrhunderts erfolgreich, ihre Macht zu erhalten. Denn nach dem Vorbild der Französischen Revolution wünscht sich auch die Bevölkerung in den anderen Ländern mehr Mitsprache in der Politik. Der Ruf nach Demokratie wird immer lauter. Reformen von oben als Zugeständnisse an den Volkswillen und deren Einschränkungen wechseln sich ab. Besonders Zeitungen und Universitäten werden überwacht und zensiert. Das heißt, dass in der Zeitung nicht jede Meinung abgedruckt werden kann, sondern von einer übergeordneten Stelle die Texte geprüft werden. Spitzel sitzen in Hörsälen und Wirtshäusern.

Im Juli 1830 wird der französische König vom Parlament abgesetzt. Unter dem neuen »Bürgerkönig« Louis Philippe gibt es aber keine Reformen, stattdessen bereichert sich vor allem das neue Großbürgertum, das durch die beginnende Industrialisierung zu Wohlstand gelangt ist. Es eifert dem Adel nach, insbesondere in seiner ungeheuerlichen Vergnügungs- und Verschwendungssucht. Ein fester Platz in der Oper gehört zu den Statussymbolen der vermögenden Schicht. Während es den Arbeitern in den Fabriken immer schlechter geht, geben die Fabrikbesitzer den erwirtschafteten Reichtum mit vollen Händen aus. Und Künstler strömen nach Paris, um von der Unterhaltungssucht zu profitieren.

Richard Wagner ist einer von ihnen, obwohl er die Pariser Gesellschaft ablehnt: »Dies ist der schlimmste Punkt: keinem Reichen traut der Pariser die Tugend der Ehrlichkeit zu; jeder Ehrliche wird von ihnen schlechtweg für arm gehalten. Armut aber ist das größte Laster in Paris«, stellt er fest.

Dem Komponisten und Gönner Meyerbeer gegenüber verhält sich Wagner zwiespältig. Er verachtet in ihm den Komponisten, der sich vollständig auf das Programm der Grand Opéra einlässt, gleichzeitig

Giacomo Meyerbeer

versucht er aber, dessen Erfolg für sich zu nutzen. So schreibt er Meyerbeer etliche Bettelbriefe, zum Beispiel im Mai 1840: »Ich werde ein treuer, redlicher Sklave sein, – denn ich gestehe offen, dass ich Sklaven-Natur in mir habe. Kaufen Sie mich darum, mein Herr, Sie machen keinen ganz unwerten Kauf!« Parallel dazu drängt er den Komponisten und Herausgeber der »Neuen Zeitschrift für Musik«, Robert Schumann, doch etwas weniger auf Meyerbeer herumzuhacken, denn »dem Manne verdank ich Alles und zumal meine sehr baldige Berühmtheit«.

Wagners Mischung aus Neid und Hass auf Meyerbeer wird nie schwinden. Meyerbeer hingegen hat sich nie dazu hinreißen lassen, etwas Schlechtes über Wagner zu sagen.

Richard und Minna geht es in den zweieinhalb Pariser Jahren elend. Sie wohnen in wechselnden, zum Teil weit auswärts gelegenen feuchten Zimmern. Richard trägt immer den gleichen eleganten, doch zunehmend fadenscheinigen Anzug. In seiner Geldnot versetzt er sogar die Eheringe. Er macht sich ans Komponieren, muss sich aber mit vielen anderen Schreibarbeiten finanziell über Wasser halten: Korrekturlesen, Klavierauszüge für die Opern anderer Komponisten einrichten, Klavierarrangements verfertigen. Richard schreibt Noten ab, von Fotokopierern weiß man noch nichts. Außerdem verfasst er Korrespondentenberichte für die »Dresdner Abendzeitung«, zum Beispiel über die Erstaufführung

Heinrich Heine von Webers »Le Freischutz« in Paris. Seit er jedoch dem dortigen Herausgeber den »Rienzi« mit der Bitte geschickt hat, ihn zur Uraufführung in Dresden zu empfehlen, erhält er statt Honoraren nur leere Versprechungen. Die Zeitung heimst weiter gut geschriebene Artikel ein. Denn Wagner hat bei dem Dichter Heinrich Heine nicht nur die Sage vom Holländer entdeckt, sondern sich auch dessen scharfsinnigen journalistischen Stil erfolgreich abgeguckt.

Wagner lernt den nach Paris emigrierten Heine persönlich kennen und über ihn auch einige andere »Könige von Paris«: den Komponisten Hector Berlioz, den wie am Fließband Theaterstücke produzierenden Eugène Scribe und andere Künstler. Außerdem lebt Richards Schwester Cäcilie mit ihrem Mann in der französischen Hauptstadt, der dort die Zweigstelle des Brockhaus-Verlages leitet. Es gelingt Wagner, in die Künstlerszene einzutreten. Das Urteil des Neulings über seine Kollegen fällt meist vernichtend aus, was seine eigene Beliebtheit nicht gerade fördert.

Ende Juni 1841 erreicht Wagner endlich eine gute Nachricht aus Dresden. Eines der Empfehlungsschreiben Meyerbeers hatte Erfolg: »Rienzi« soll 1842 am dortigen Hoftheater uraufgeführt werden. Wagner stützt sich in dieser Oper auf einen Roman und ein Theaterstück, die genauso heißen.

Die Handlung spielt im 14. Jahrhundert in Rom. Der Bürger Rienzi gerät nicht nur zwischen zwei verfeindete Adelsfamilien, deren Söhne sich um Rienzis Schwester zanken. Er stellt sich vielmehr vor das Volk und den adligen Herrschern entgegen. Die ihm angebotene Königskrone lehnt er ab und lässt sich stattdessen zum Volkstribun wählen. Bei der Feierlichkeit mit Waffentanz erhält Rienzi zum Schein auch die Anerkennung des Adels. Doch dann wechseln sich Anschläge von Adligen auf ihn ab mit seinen Versuchen, das wütende Volk zu beschwichtigen. Schließlich gelingt es seinem adligen Schwager, das Volk gegen Rienzi aufzubringen. Rienzi stirbt im brennenden Kapitol, dem historischen Machtzentrum Roms.

Richard Wagner, 1842, gezeichnet von seinem Freund Kietz

Fünf Akte, Chor- und Volksmassen, historisches politisches Thema, realer Schauplatz, Ballett und tragisches Ende – eine vollständige Grand Opéra. »Meyerbeers beste Oper!«, feixt der Pianist und Dirigent Hans von Bülow, der später in Wagners Leben treten wird.

Richard ahnt den lang ersehnten Erfolg in der sächsischen Heimat voraus. Am 7. April 1842 brechen Richard und Minna die Zelte in Paris ab.

Verwandlung Heimreise

Nach einem grauen, feuchten Winter ist endlich Frühling in Paris: Die Bäume treiben junges, helles Grün, die Vögel zwitschern, neues Leben bereitet sich vor. Die erwartungsfrohe Aufbruchsstimmung passt zum Ehepaar Wagner, das seine Siebensachen gepackt hat. Nur bei den letzten Abschiedsbesuchen fließen die Tränen: Die engsten Freunde sind ja alle deutsche Emigranten, die sich mit Wehmut von Richard und Minna verabschieden.

»Ob wir uns wiedersehen?«, fragt der schwerkranke Sprachgelehrte Samuel Lehrs.

»Grüßt mir Dresden und – ach, ich darf gar nicht daran denken«, jammert der Maler Kietz. Dann drückt er Richard noch einen Beutel Schnupftabak in die Hand.

»Und vergiss nicht, die Mutter zu grüßen«, wiederholt seine Schwester Cäcilie zum x-ten Mal. »Wie gerne würde ich mal wieder einen richtigen Dresdener Kleckselkuchen essen, aber allein wenn ich an die tagelange Reise denke – Ihr Armen!«

Fünf ganze Tage und Nächte dauert die Reise in der Postkutsche. Wenn's glattgeht, legt sie zehn Kilometer in der Stunde zurück. Alle zwei Stunden etwa müssen die Pferde gewechselt werden. Dann heißt es: ungewisse Zeit warten. Auf manchen Abschnitten, wo es bergauf geht oder die Straße besonders schlecht ist, wären die Passagiere zu Fuß schneller. Aber wer transportiert das Gepäck? Außerdem fährt die Kutsche auch nachts durch die Dunkelheit.

Bei Straßburg überquert die Reisegesellschaft den Rhein. Richard streckt den Kopf aus dem Fenster und zieht kurz darauf Minna am Ärmel. Er zeigt mit ausgestrecktem Zeigefinger auf das grüngrau dahinströmende Wasser: »Minna, schau, der Rhein!«

In der nächsten Post- und Zollstation werden sie aufgefordert, auszusteigen. Richard steht einen Moment regungslos auf der Straße. »Minna, hast du das gehört?«

»Ja, Richard, was denn?«

»Deutsch. Die reden Deutsch. Wir sind schon fast zu Hause.«

Die Wartburg bei Eisenach

Auf der Weiterfahrt wird auch das Wetter deutsch: Kalte Schnee- und Graupelschauer gehen auf die ungeheizte Kutsche nieder. Über Karlsruhe, Frankfurt und Fulda bewegen sich Wagners erst nord- und dann ostwärts weiter. Als sie sich Eisenach nähern, scheint zur Abwechslung die Sonne: Richard hält Ausschau nach der Wartburg und kann sie tatsächlich für eine Weile sehen. Dort oben auf dem Berg haben sich über die Jahrhunderte wichtige geschichtliche Ereignisse abgespielt: Im 13. Jahrhundert fand hier der »Sängerstreit« statt, die Wunder der heiligen Elisabeth, die im selben Jahrhundert lebte, werden hier angesiedelt, 1521 übersetzte Martin Luther die Bibel ins Deutsche, das Wartburgfest 1817 feierte das 300. Jubiläum der Thesen von Martin Luther und wurde gleichzeitig zur ersten deutschen demokratischen Kundgebung. Wagner prägt sich den Anblick als Schauplatz für eine seiner Opern gut ein.

Ohne größeren Unfall, Raubüberfall oder Umkippen der wechselnden Postkutschen treffen die Wagners am 12. April in Dresden ein. Es dauert eine Weile, bis sie nicht mehr das Schaukeln des Wagens unter sich spüren. Sie ziehen die stinkenden, schmutzigen Kleider aus und sinken erschöpft, aber glücklich in die Federbetten des Gasthofes »Zur Stadt Gotha«.

Dritter Aufzug

Richard Wagner
*ehemal. Kapellmeister und politischer Flüchtl...
aus Dresden.*

„...(S. 652) Wagn..., ...ichard, ehemali..
Kapellmeister aus Dresden, einer der hervorragen..
sten Anhänger der Umsturzpartei, welcher weg..
Theilnahme an der Revolution in Dresden im M..
1849 steckbrieflich verfolgt wird, soll beabsichtig..
sich von Zürich aus, woselbst er sich gegenwär..
aufhält, nach Deutschla..d zu begeben. Be..
seiner Habhaftwerdung wird ein Portrait Wagn..
der im Betretungsfalle zu verhaften und an ..
königliche Stadtgericht zu Dresden abzuliefern ..
dürfte, hier beigefügt."

Erfolge
in Dresden

Am 20. Oktober 1842 findet am Königlich Sächsischen Hoftheater die über sechs Stunden dauernde Uraufführung der Großen Oper »Rienzi« statt. Großer Beifall, Anfragen von anderen Opernhäusern folgen, die Sänger lieben ihre Partien und schwelgen in Eigenlob für die von ihnen erbrachte Leistung. Die Aufführung bleibt mehrere Monate auf dem Spielplan und ist ausverkauft. Endlich hätte Richard auch eine Gelegenheit, Geld zu verdienen und seine Schulden zu bezahlen. Aber so leicht es ihm fällt, Schulden zu machen, so ungeschickt stellt er sich an, wenn er zu seinen Gunsten verhandeln soll. Er erhält eine einmalige Zahlung von 300 Talern, das wären nach heutiger Rechnung ungefähr 7000 Euro. Das mag eine hübsche Summe sein, aber Wagner hätte im Schlaf dazuverdient, wenn er Tantiemen vereinbart hätte. Dann hätte er bei jeder Aufführung seiner Werke einen Anteil an den Einnahmen erhalten. Andere Komponisten wie Rossini und Meyerbeer kannten zu der Zeit schon diese Möglichkeit der Umsatzbeteiligung. Stattdessen läuft Richard immer noch vor seinen Gläubigern davon und leistet sich einen viel höheren Lebensstandard, als es seine Einkünfte erlauben.

Wagner wird des Erfolges von »Rienzi« bald überdrüssig: Als »ungeliebtes Ungetüm« und »Schreihals« verstößt er sein Werk. Umso hartnäckiger setzt er sich für die Uraufführung des »Holländers« ein, den er schon in Paris komponiert hat. Nur ein Vierteljahr nach »Rienzi«, am 2. Januar 1843, wird »Der Fliegende Holländer« in Dresden uraufgeführt. Wilhelmine Schröder-Devrient singt die Rolle der Senta! Sein großer Wunsch ist in Erfüllung gegangen. Dreizehn Jahre zuvor hatte er der gefeierten Sängerin gegenüber in einem Brief behauptet, sie habe ihm seine Berufung zum Komponisten klargemacht. Jetzt kann er es ihr beweisen.

Der sächsische König Friedrich August II. findet an den Arbeiten Wagners Gefallen und ernennt ihn im Februar 1843 zum Königlich Sächsischen Hofkapellmeister. Richard nimmt die Stelle an, vor allem um Minna Sicherheit und Ruhe zu gewährleisten.

Schon bald aber kommt es mit dem Orchester zu Schwierigkeiten. Die Musiker stehen der neuen Art seines Dirigierens skeptisch gegenüber. Sie sind es nicht gewohnt, dass der Mann vor ihnen nicht nur ihr Zusammenspiel korrigiert, sondern sie zusätzlich so energisch dazu bewegt, die Musik so zu spielen, wie er sie hören will. Wagner setzt sich zwar in der Folgezeit stark für seine Leute ein, ähnlich späteren Gewerkschaftern. Er fordert bessere Gehälter, bessere soziale Absicherung und musikalische Weiterbildung. Aber die Orchestermitglieder danken es ihm nicht. Sie wittern, dass ihr Fürsprecher vor allem eines anstrebt: eine bessere Umsetzung seiner eigenen Werke.

Wie wichtig die gelungene Interpretation musikalischer Werke ist, beweisen Wagners Anstrengungen zur Aufführung von Beethovens 9. Sinfonie. Anfangs plant Wagner gegen den Widerstand des Orchesters ein Wohltätigkeitskonzert am Palmsonntag 1846. In dem für ihn charakteristischen Aktionismus veröffentlicht er mehrere anonyme Artikel in der »Dresdner Abendzei-

Im Dresdner Hoftheater wurden viele von Wagners Opern erstmals aufgeführt.

tung«, das heißt, ohne seinen Namen dazu zu setzen. Alle Artikel zielen darauf, die Neugier auf Beethovens Musik zu schüren. Er setzt überdurchschnittlich viele Proben an und befeuert den Chor aus dreihundert Sängern und Sängerinnen, der im Finalsatz mit »Freude, schöner Götterfunken« einsetzt: »Ruft die Botschaft hinaus, die richtigen Töne singen könnt Ihr wann anders!« Der Erfolg der Aufführung ist überwältigend. In den folgenden Jahren wird die Beethoven-Sinfonie am Palmsonntag Tradition. Richard dirigiert im Dresdner Opernhaus wieder Opern anderer Komponisten: Gluck, Mozart, Weber, Meyerbeer, Donizetti, Rossini.

Wagner als Romantiker

Richard fühlt sich oft unwohl in der Gegenwart. Immer wieder glaubt er, dass erst die Zukunft die Freiheit bringe, in der seine Musik verstanden werde. Er teilt das romantische Lebensgefühl vieler seiner Zeitgenossen: Die verklärte Vergangenheit und die ersehnte Zukunft sind besser als das Jetzt.

Burgen, die malerisch auf bewaldeten Hügeln thronen. Klosterruinen, durch die zur Mitternacht die Seelen der Verstorbenen schweben. Waldtümpel, in denen sich der Vollmond spiegelt. Glockenklänge, die aus der Ferne herüberwehen. Geisterchöre, die vom Jenseits flüstern. Schlichte Weisen, gesungen von einem Hirten. Liebespaare unter Bäumen, sehnsuchtsvoll in die unendliche Weite blickende Gestalten. Ritter und Burgfräulein, Hexen und Riesen, betende Jungfrauen und spielende Kinder. Festgehalten auf Gemälden, in Volksliedern und Märchen, Naturgedichten und Liebesgeschichten: Das alles ist romantisch.

Das 18. Jahrhundert der Aufklärung hatte sich an der klassischen Antike, an klaren Gesetzen und Regeln und an der Vernunft ausgerichtet. Mit dem Wechsel zum 19. Jahrhundert folgt die romantische Gegenbewegung. Man forscht in der eigenen Vergangenheit, sammelt Märchen und Volkslieder, zieht die Ritter des Mittelalters den Göttern Griechenlands vor. Strebte die Aufklärung zum Licht, so durchschweifen die romantischen Künstler lieber die Nacht. Statt von der Vernunft lässt man sich von der Fantasie leiten. Inspiration findet sich nach wie vor in Büchern, aber ebenso in der freien Natur. Die Welt steckt voller Geheimnisse – nicht nur in fernen Ländern, sondern auch zu Hause.

Grenzen werden aufgehoben. Im Übergang zwischen Tag und Nacht, der Dämmerung, erscheinen Mischwesen wie Feen und Nixen. Künstler wie Robert Schumann oder E. T. A. Hoffmann können sich nicht entscheiden, ob sie Dichter oder Komponist oder wie Richard Wagner beides sein möchten. Welche Kunst wäre besser geeignet, das zum Ausdruck zu bringen, was sich durch Worte allein nicht sagen lässt, als die Musik?

In Dresden beginnt Richard, sich eine Bibliothek aufzubauen. Er liest Jacob Grimms »Deutsche Mythologie« und deutsche Literaturgeschichte. Er studiert verschiedene Quellen zum »Sängerkrieg auf der Wartburg« und über den Minnesänger »Tannhäuser«, unter anderem von Heinrich Heine. Er besitzt mehrere Ausgaben der Liebesgeschichte von »Tristan und Isolde« in französischer, englischer, walisischer und spanischer Sprache. Während der Sommerferien 1845 entdeckt er Wolfram von Eschenbachs »Parzival« sowie das Epos vom Gralsritter »Lohengrin« und die Geschichte des Nürnberger Meistersingers Hans Sachs,

seine Gedanken zur Nibelungensage fasst er in einem Aufsatz »Die Nibelungen – Weltgeschichte aus der Sage« zusammen. Bis zu seinem sechsunddreißigsten Lebensjahr im Jahr 1849 wird er alle Stoffe gesammelt haben, die er je zu Musikdramen verarbeiten wird.

Im Sommer 1842 machen Wagners Ferien in Teplitz. Das liegt südlich von Dresden im heutigen Tschechien. Dort sammelt Richard unterschiedliche Natur-, Klang- und Leseeindrücke. Nachts kraxelt er im Mondlicht auf der Burg Schreckenstein herum. Seine Gedanken wandern zur Wartburg zurück. Tags beginnt er, mehrere Stoffe zu einer neuen »Großen romantischen Oper« zu verbinden.

»Tannhäuser und der Sängerkrieg auf der Wartburg«

Tannhäuser lebte zu Beginn des 13. Jahrhunderts. Er war ein berühmter Minnesänger. »Minne« meinte Liebe, wobei streng zwischen hoher und niederer Minne unterschieden wurde. Die hohe Minne idealisierte die besungene Frau und beschränkte sich auf die geistige, seelische Verbundenheit mit der Geliebten. Das heißt, sie war letztlich immer eine unerfüllte Liebe, in der – neben Worten – nur Blicke und allenfalls Luftküsse getauscht wurden. Dafür wurde sie an den Höfen gepflegt und brachte wunderbare Gedichte hervor. Die niedere Minne dagegen freute sich an der körperlichen Lust. Da sie auf sexuelle Befriedigung zielte, wurde entsprechend etwas weniger gedichtet – oder weil sie als minderwertig galt, wurden die Texte weniger sorgfältig überliefert. Neben Ritterturnieren fanden Sängerkriege statt, bei denen die Minnesänger um den Preis des schönsten Liedes »kämpften«.

Beim »Sängerkrieg auf der Wartburg« fragt der Landgraf die Wettbewerber: »Könnt ihr der Liebe Wesen mir ergründen?«

Wolfram von Eschenbach, ganz hoher Minnesänger, vergleicht die Liebe mit einer Quelle, von der Geist und Herz erfrischt werden. Tannhäuser

Pilgerchor

greift das Bild auf. Er trinkt aus der Quelle und löscht seinen Durst. Indem er die Lippen an den Brunnen legt, verbindet er hohe und niedere Minne. Er besingt sowohl die seelische als auch die körperliche Vereinigung mit der geliebten Frau. Die Sänger wittern sofort, dass Tannhäuser hier aus eigener Erfahrung spricht. Tannhäuser soll bestraft werden. Doch da greift Elisabeth ein. Sie liebt Tannhäuser. Obwohl sie von seinen Liebesabenteuern erschüttert ist, will sie ihn dafür nicht verurteilen. Gemeinsam mit anderen Gläubigen soll Tannhäuser nach Rom pilgern und den Papst um Vergebung bitten.

Der getragene Choral der christlichen Pilger wurde schon in der Ouvertüre umschwirrt von einer ganz anderen Musik: dem rasch aufwärtsfliegenden Glitzern des Venusberges. Venus ist die antike römische Liebesgöttin. Sie wohnt im Venusberg. Zu Beginn der Oper lebt auch Tannhäuser dort, als Geliebter der Göttin. Doch kein Glück dauert ewig, und wenn es doch andauert, dann verliert es mit der Zeit seinen Reiz. Deshalb kehrt Tannhäuser zu den Menschen zurück. Er erfährt, dass gerade der Wechsel aus Sehnsucht und Erfüllung zum Mensch- und Glücklichsein gehört. Wie schon der Fliegende Holländer ist auch der dichtende Musiker Tannhäuser mit Wagner identifiziert worden. Ein Künstler oder eine Künstlerin braucht beides:

Lebenserfahrung und Fantasie.
Handwerkliches Können, um
etwas Greifbares zu erschaffen,
und das dringende Bedürfnis,
etwas noch nicht Dagewesenes
zu erfinden.
Als die Oper am 19. Oktober
1845 in Dresden uraufgeführt
wird, bleiben die Reaktionen
des Publikums gedämpft.
Erst ab der dritten Vorstellung
ändert sich das. Jetzt sitzen
junge Leute oben auf den
billigen Plätzen und klatschen
begeistert. »Tannhäuser«
bleibt für Wagner immer ein
problematisches Werk. Er
nimmt zahlreiche Umarbeitun-
gen vor, und trotzdem ist er
zeitlebens nie ganz zufrieden
damit. Andererseits ist sein
Selbstbewusstsein inzwischen
enorm gewachsen. Anfang 1844
schreibt er an einen Kritiker:

»Ehe ich dann daran gehe,
einen Vers zu machen, ja eine
Szene zu entwerfen, bin ich
bereits in dem musikalischen
Dufte meiner Schöpfung
berauscht, ich habe alle Töne,
alle charakteristischen Motive
im Kopfe.«

Freundschaft
mit Liszt

Dresden ist in der ersten Hälfte des 19. Jahrhunderts ein wichtiges kulturelles Zentrum und Treffpunkt vieler romantischer Künstler. Dichter wie Ludwig Bechstein, Maler wie Caspar David Friedrich, Musiker wie Carl Maria von Weber, Robert Schumann und natürlich Richard Wagner leben hier oder kommen zu Besuch. Kunstkritiker reisen an und berichten über Sachsen hinaus, was sich hier künstlerisch entwickelt. Der Komponist Franz Liszt reist im Februar 1844 nach Dresden, um sich »Rienzi« anzuschauen.

Richard Wagner und der zwei Jahre ältere Franz Liszt könnten als Menschen kaum unterschiedlicher sein. Ihre Lebenswege verlaufen entgegengesetzt: Franz Liszt beginnt schon als neunjähriges Wunderkind eine Laufbahn als Klaviervirtuose, wird aber als erwachsener Komponist kaum beachtet. Richard Wagner kämpft jahrelang als Dirigent und Komponist um Anerkennung, wird aber bis zu seinem Lebensende alle seine Ziele erreicht und für den Nachruhm ausreichend gesorgt haben. Franz Liszt ist ein großzügiger Förderer, der

Franz Liszt

andere Künstler neben sich gelten lässt, sie finanziell unterstützt und zu loben versteht. Richard Wagner ist ausschließlich auf seine eigenen Interessen fixiert und ein eifriger Empfänger von Hilfeleistungen. So verschieden die beiden sind, so ergänzen sie sich auch. Und was sie miteinander verbindet, ist ihr unbedingter Wille, die Musik zu modernisieren.

Franz Liszt ist als junger Pianist nicht nur eine musikalische Attraktion, sondern auch äußerlich sehr anziehend. Je älter er wird, umso mehr wird er zur unverwechselbaren Persönlichkeit mit seinen schulterlangen Haaren und den markanten Warzen im Gesicht. In seinem Reisepass steht als Erkennungsmerkmal: Charakter. Das meint so viel wie: Liszt ist so prominent, dass man ihn sofort wiedererkennt. Passfotos gibt es noch nicht.

Wagner berichtete 1841 aus Paris nach Dresden über einen Klavierabend Liszts: »Er spielte allein, – niemand spielte oder sang sonst.« Das hatte vor Liszt noch niemand gewagt. Liszt spielt Werke anderer Komponisten, bearbeitet sie, improvisiert und komponiert eigene Musik. Sein unglaubliches technisches Können ist ihm Mittel, um neue musikalische Wirkungen zu erreichen. Rasante Läufe, endlose Triller, Glissandi, handbrecherische Sprünge sind zwar auch Show. Sie erzeugen aber Klänge, die so auf dem Klavier noch nie vorher produziert worden waren. Sein virtuoses Spiel macht das Fantastische hörbar, was die romantischen Dichter mit Worten herbeizuzaubern versuchen. Er macht sich die Ansicht des französischen Dichters Victor Hugo zu eigen: Es geht nicht darum, unbedingt »schön« zu spielen. Es geht darum, etwas musikalisch möglichst charakteristisch auszudrücken.

Liszt will etwas ganz Neues schaffen. Er lehnt die Musik früherer Komponisten nicht ab, doch er selbst will nicht mehr nach ihren Regeln komponieren. Das betrifft mehrere Elemente der Musik. Europäische Musik unterscheidet sich beispielsweise von der indischen Musik. Das liegt unter anderem an der Tonalität, die das jeweilige Empfinden der Tonarten und Töne zueinander erfasst. Wir empfinden eine Musik beim Hören als vertraut oder fremd, beruhigend, belebend oder störend. Jeder Musikkultur liegt ein Regelwerk zugrunde, das beschreibt, in welchem Verhältnis die Töne zueinander stehen dürfen, welcher Abstand zwischen zwei gleichzeitig gespielten Tönen ein angenehmes oder unangenehmes Intervall bildet und wie Akkorde aus drei und mehr Tönen weitergeführt werden dürfen. Schon Beethoven wagte sich an die Grenzen von Dur und Moll. Liszt experimentiert ganz gezielt mit den alten Kirchentonarten, mit Ganztonleitern und der Chromatik, also Halbtonschritten. Vielleicht lässt es sich mit der Grammatik einer Sprache vergleichen: Häufige Regelverstöße werden irgendwann nicht mehr geächtet und fallen später gar nicht mehr auf, wie »Ich konnte nicht eher kommen, weil ich musste noch Hausaufgaben machen« statt »Ich konnte nicht eher kommen, weil ich noch Hausaufgaben machen musste«. Ob einem das gefällt oder nicht, spielt keine Rolle. Beim Komponieren geschieht die Veränderung nicht zufällig. Die Komponisten sitzen vorzugsweise am Klavier und tüfteln nach Akkordklängen und ihren Verbindungen zueinander. Inzwischen empfinden wir als angenehm, was noch vor zweihundert Jahren als misstönend galt.

Liszts Klavierstücke fangen gerne »irgendwo« im Takt an, also nicht auf den ersten Schlag, sondern mittendrin. Taktgrenzen werden aufgelöst. Es braucht eine Weile, bis überhaupt die Grundtonart erkennbar wird. Die Musik beginnt zu schweben.

Neuerungen sucht Liszt auch in der musikalischen Form der Sinfonie. Seine Erfindung wird die »Sinfonische Dichtung«, mit der er auf sehr romantische Weise die Poesie in die Musik bringt. Dabei geht es nicht um eine einfache Vertonung von Gedichten, sondern Liszt möchte seine Idee zum Beispiel von Shakespeares Bühnenfigur »Hamlet« musikalisch ausdrücken. Er erzählt nicht das Drama nach, sondern macht den düsteren Zweifel Hamlets hörbar.

Liszt erhält im Herbst 1842 einen Vertrag als herzoglicher Hofkapellmeister in Weimar. Mit der Berufung Goethes und Schillers war die kleine Residenzstadt zum Anziehungspunkt gebildeter Reisender geworden. Nach dem Tod Johann Wolfgang von Goethes hat die kulturelle Aufmerksamkeit etwas nachgelassen, so dass Liszt im Ausgleich zu den anstrengenden Konzertreisen als Klaviervirtuose mit dem dortigen Orchester ungestört seine neuen Kompositionen, die sinfonischen Dichtungen, ausprobieren kann. Er setzt sich außerdem für andere Komponisten ein, die nach neuen Formen und Klängen suchen, wie der Franzose Hector Berlioz oder eben Richard Wagner.

Im April 1848 macht Franz Liszt auf der Rückreise von Wien nach Weimar für ein paar Tage erneut halt in Dresden, wo er sich lange mit Wagner unterhält. Ein knappes Jahr später lässt Liszt im Weimarer Theater den »Tannhäuser« spielen. Kurz darauf schreibt er einen Brief an Richard Wagner: »Ein für allemal zählen Sie mich von nun an zu Ihren eifrigsten und ergebensten Bewunderern – nah wie fern bauen Sie auf mich und verfügen Sie über mich.«

Dieses Angebot wird Richard immer wieder ohne Umschweife nutzen. Und Liszt wird nie seiner vornehmen, einfühlsamen und großzügigen Art untreu werden – er geht höchstens auf höfliche Distanz. Nach einigem Auf und Ab in ihrer Beziehung wird sich Richard am Ende doch erkenntlich zeigen: »Hier ist derjenige, ohne den Sie heute vielleicht keine Note von mir gehört haben würden«, wird er 1876 bei der Uraufführung seines Hauptwerks, dem »Ring des Nibelungen«, öffentlich in Liszts Gegenwart sagen.

Franz Liszt dirigert auch die Uraufführung von Wagners nächster Oper »Lohengrin« im August 1850 in Weimar.

Wie schon »Tannhäuser« ist auch »Lohengrin« durchkomponiert, das heißt, es gibt fast keine Arien (ein Solist singt), Duette (zwei Sänger zusammen), Ensembles (mehrere Sänger gemeinsam) oder andere in sich abgeschlossene musikalische Stücke mehr. In der »Nummernoper« ließen sich diese noch abzählen. Jetzt gibt es nur noch ganze Szenen, verteilt auf drei Akte oder »Aufzüge«, an deren Anfang der Vorhang auf- und an deren Ende er wieder zugezogen wird. Wechselt der Ort zwischen zwei Szenen und damit das Bühnenbild, während die Musik die Veränderung der Situation mitvollzieht, spricht man von einer »Verwandlung«. So entstehen keine Pausen für gesprochene Dialoge oder Publikumsbeifall, die den Fluss der Geschichte und der Musik unterbrechen.

Die Melodien der Sänger sind bei Weitem nicht so eingängig wie zum Beispiel in Mozarts Arien. Wagner'sche Musik ist überhaupt nicht zum Mitsingen geeignet. Was dagegen im Ohr hängen bleibt, sind die Leitmotive: Sie tauchen zuerst im Orchester auf. Das Orchester weiß viel mehr als die einzelne Figur des Dramas. Es kommentiert die Handlung auf der Bühne. Die sogenannten Leitmotive stellen Verbindungen zwischen Personen, symbolischen Gegenständen und Ereignissen her.

»Lohengrin«

Die Orchestermusik weiß mehr als die Personen auf der Bühne. Und auch der Zuschauer weiß mehr: Denn der Name der Titelfigur, »Lohengrin«, bleibt den Personen bis kurz vor Schluss ein Geheimnis. Elsa von Brabant wird von Graf Telramund angeklagt, ihren Bruder ermordet zu haben. Ein Gottesgericht soll entscheiden, ob das stimmt oder nicht. Dazu braucht Elsa einen Ritter, der an ihre Unschuld glaubt und gegen Telramund kämpft. Gerade noch rechtzeitig erscheint ein rettender Ritter. Sein Boot wird von einem Schwan gezogen. Der Ritter ist bereit für Elsa zu kämpfen, unter einer Bedingung: Nie soll sie ihn nach seinem Namen und seiner Herkunft fragen. Elsa verspricht ihm das. Der Ritter besiegt Telramund und heiratet Elsa. Doch Telramund und seine Ehefrau Ortrud wollen sich rächen. Wenn ein Ritter unschuldig ist, fragen sie, wieso muss er dann seinen Namen geheim halten? Elsa glaubt zwar an die Unschuld ihres Gatten, aber es quält sie, dass sie ihn nicht beim Namen nennen kann. Sie verspricht, das Wissen um seinen Namen für sich zu behalten, allerdings fordert sie sein Vertrauen. Der Ritter muss nun sein Geheimnis preisgeben. Sein Name ist: Lohengrin, seine Herkunft der Gral, er ist ein Gralsritter. Der Gral ist ein geheimnisvoller, kraftspendender Kelch. Er taucht in Legenden des späten 12. Jahrhunderts unter anderem in der Sage von König Artus auf. Im Gral soll bei der Kreuzigung das Blut Jesu Christi aufgefangen worden sein. Dieses Heiligtum wird von einer Ritterschaft behütet. Die

Nie sollst du mich be-fra-gen

Gralsritter können überall für das Gute kämpfen, solange sie unerkannt bleiben. Lohengrin muss Elsa verlassen. Telramunds Frau Ortrud verrät, dass sie selbst Elsas Bruder in einen Schwan verzaubert hat. Elsa und Ortrud sterben, nachdem sich die Rätsel gelöst haben. Der Schwan verwandelt sich zurück und wird zum neuen Herrscher von Brabant. Auch »Lohengrin« lässt verschiedene Deutungen zu. Einerseits spielt Lohengrin seine Macht gegenüber Elsa voll aus: Er lässt sie lange warten, bis er ihr im Beisein des Königs, seiner Gefolgschaft und des Volkes seinen Namen sagt. Zuvor beklagt er öffentlich ihren Verrat, ohne abzuwägen, dass sie vielleicht nicht nur aus weiblicher Neugier, sondern aus liebender Anteilnahme das Frageverbot verletzt haben könnte. Anderer-seits ist er ein märchenhafter Retter, der sich über die Regeln der Menschen hinwegsetzt. Dass er selbst an die Gesetze des Gralsrittertums gebunden ist, darf er nicht verraten, und daran hält er sich. Wie schon im Holländer und im Tann-häuser haben viele Interpreten auch in Lohengrin eine Künst-lerfigur gesehen. Er erscheint als rätselhafte Lichtgestalt. Er bleibt unabhängig, während das Volk von Brabant ohne Zögern dem jeweiligen neuen Herrscher zujubelt. Der Oper verdankt das musikalische Hochzeitsreper-toire einen seiner Hits, das Brautlied. Dieser getragene Marsch bildet eine der gewollt schlichteren Passagen einer Musik, die zwischen zartesten Himmelsklängen und dä-monischen Abgründen einen weiten Bogen spannt.

Wagner als Revolutionär

Im Juli 1830, als die Pariser den König absetzten, erfuhr man schnell auch in Leipzig davon. Richard war damals siebzehn Jahre alt. »Die geschichtliche Welt begann für mich von diesem Tage an; und natürlich nahm ich volle Partei für die Revolution«, wird er später in seiner Autobiografie »Mein Leben« schreiben. Auch in Leipzig kam es zu Demonstrationen. Die Julirevolution des Jahres 1830 wird schnell abgewürgt. Politisch geht es zwar nicht voran, dafür beschleunigt sich der technische Fortschritt: Seit 1835 fahren immer mehr Eisenbahnen. Wer sich traut, steigt auf eines der ersten Fahrräder. Im Geldverkehr zahlt man nicht mehr nur mit Münzen, sondern benutzt Geldscheine. Seit der Erfindung des mechanisierten Webstuhls wird Stoff in Fabriken hergestellt. Kleider werden nicht mehr von Hand, sondern mit der Nähmaschine genäht.

Im Dresden der 1840er Jahre macht sich Richard Wagner wenig aus den technischen Errungenschaften. Was ihn beschäftigt, sind die gesellschaftlichen und politischen Veränderungen.

Mit der Französischen Revolution hat der Adel nicht nur in Frankreich gewaltsam erfahren müssen, dass seine Machtstellung bedroht ist. Bisher regieren adlige Familien in den größeren und kleineren europäischen Staaten. Ihre Herrschaftsrechte und ihren Besitz vererben sie weiter oder übertragen sie durch Heirat auf andere Familien. Der Gegenentwurf dazu ist die Demokratie, in der das Volk seine Regierung durch eine Wahl selbst bestimmen kann. Die Demokratie setzt allerdings voraus, dass es Menschen gibt, die sich als Volk empfinden. In Frankreich ist das schon länger gegeben. In Deutschland muss dieses Volk oder die Nation erst aus Franken, Sachsen, Preußen, Schwaben und vielen anderen gebildet werden: Die Menschen müssen sich erst darü-

Ganz unromantisch: Im Industriezeitalter werden Festungen zu Fabriken.

ber verständigen, welcher der deutschen Dialekte, welche Kultur und welche deutschen Länder denn nun die deutsche Nation ausmachen.

Im 19. Jahrhundert entstehen viele nationale Kunstwerke. Komponisten, Maler, Dichter und Schriftsteller tragen überall in Europa dazu bei, dass die Menschen ein Nationalbewusstsein entwickeln. Im Vielvölkerstaat Österreich etwa, zu dem Teile des heutigen Ungarn, Tschechiens, der Slowakei sowie große Teile Polens und der Ukraine gehören, besinnen sich die Komponisten auf die Lieder des Volkes und die Landschaften ihrer Heimat. »Die Moldau« ist beispielsweise eine von sechs sinfonischen Dichtungen, die der tschechische Komponist Bedřich Smetana mit dem Titel »Mein Vaterland« überschrieben hat.

Jeder einzelne Bürger eines Nationalstaates soll möglichst viel Freiheit genießen und dem gemeinsamen Fortschritt seines Staates nützen. Verfassungen sollen Rechte und Pflichte der Regierungen und Parlamente festschreiben. Doch die Entwicklung von Obrigkeitsstaaten, die durch die adlige Herrschaftsschicht bestimmt sind, zu demokratischen Nationalstaaten geht nur zögerlich voran: Aus Furcht vor Revolutionen macht der Adel zwar Zugeständnisse, schränkt diese aber häufig auch wieder ein. Der technische Fortschritt ermöglicht es immer mehr

Menschen, nach materiellem Wohlstand und Bequemlichkeit zu streben. Aber der Weg dahin ist beschwerlich. Die Mehrheit der Bevölkerung kann weder schreiben noch lesen, große Teile der ländlichen Bevölkerung wandern in die Städte ab und schuften in den Fabriken. Dort sind sie von Arbeitslosigkeit bedroht, weil die neuen und immer leistungsfähigeren Maschinen ihre Arbeitskraft überflüssig machen. Wagner sorgt sich natürlich nicht nur um die soziale Ungerechtigkeit. Er kritisiert auch den Kunstbetrieb: Die Künstler arbeiten vor allem für reiche Leute. Er selbst hat das in Paris ja auch versucht. Kunst dient dabei nur der Dekoration und Unterhaltung und ist zum Kunsthandwerk verkommen. Wagner meint, die Revolution solle zuallererst die ungerechten sozialen Zustände beseitigen, auch wenn das den Künstlern zunächst die Erwerbsgrundlage entzieht. Er behauptet, dass es ihm nicht um den Künstler gehe, sondern um die Kunst als soziales Produkt. Kunst bedeutet für ihn nicht einfach etwas Schönes. Kunst ist viel mehr, Kunst ist Ausdruck der Wahrheit – und wird erst dadurch schön. Weil die Wahrheit alle Menschen angeht, soll sie auch von allen Menschen genossen werden können: am liebsten in einem Volkstheater bei freiem Eintritt!

1843 schließt Wagner in Dresden Freundschaft mit August Röckel. Röckel spielt besser Klavier als Wagner. Seine Begabung als Komponist stellt Röckel jedoch selbstkritisch in Frage, nachdem er Wagners »Holländer« und »Tannhäuser« kennengelernt hat. Mehr noch als für die Musik engagiert sich Röckel politisch. Mit Sorge sieht er, dass trotz der wirtschaftlichen Fortschritte ein großer Teil der Bevölkerung arm bleibt. Er kämpft für soziale Gerechtigkeit und gegen die Vorrechte des Adels. Ein wichtiges Mittel für Röckels politische Aktivitäten sind die »Volksblätter«. Diese Zeitung lässt sich dank verbesserter Druckmaschinen leicht herstellen und vervielfältigen.

Im März 1848 kommt es in Berlin und anderen europäischen Städten zu Aufständen. In Dresden demonstrieren die Menschen für Pressefreiheit, Wahl-, Rechts- und Steuerreformen. Die Zugeständnisse des sächsischen Königs an sein unzufriedenes Volk fallen mager aus, doch es kehrt vorläufig Ruhe ein. Am 18. Mai 1848 tritt in Frankfurt am Main die Nationalversammlung zusammen. 585 Abgeordnete machen sich daran, eine Verfassung für einen gemeinsamen deutschen Nationalstaat zu schreiben. Darin sind Rechte und Pflichten der Bürger festgeschrieben. Neu ist, dass sie für alle gleich sein sollen. Zum Beispiel soll jeder an die Religion glauben dürfen, an die er glauben will. Die rechtliche Gleichheit von Männern und Frauen gehört allerdings noch nicht dazu. Das verwundert nicht: Alle damaligen Abgeordneten sind männlich, die Politik ist den Frauen noch verwehrt.

Wagner schickt nur einen Tag nach dem ersten Zusammentreten des Parlaments dem sächsischen Abgeordneten nach Frankfurt einen Brief mit seinen Vorstellungen, was die Nationalversammlung zu beschließen habe, zum Beispiel fordert er eine »Volksbewaffnung«. August Röckel macht Wagner mit dem russischen Revolutionär Michail Bakunin bekannt. Dessen politische Ansichten mögen noch so radikal sein, Richard Wagner empfindet ihn als »wirklich liebenswürdigen, zartfühlenden Menschen«. Obwohl Bakunin sich überhaupt nicht für Wagners Kunst interessiert, spazieren die beiden stundenlang an der Elbe und philosophieren miteinander. Wagner veröffentlicht unter dem starken Einfluss der politischen Debatten in Röckels »Volksblättern« mehrere Artikel, von denen einer am 8. April 1849 unter dem Titel »Die Revolution« erscheint: »Ich will zerbrechen die Gewalt der Mächtigen, des Gesetzes und des Eigentums. Der eigene Wille sei der Herr des Menschen, die eigene Lust sein einzig Gesetz, die eigene Kraft sein ganzes Eigentum, denn das Heilige ist allein der freie Mensch, und nichts Höheres ist denn er.«

Noch im gleichen Monat lässt der sächsische König die »Volksblätter« verbieten. Am 30. April löst er die bestehenden Volksvertretungen auf und bricht damit die Verfassung. Anfang Mai 1849 überschlagen sich in Dresden die Ereignisse.

Auf dem Turm

Richard spaziert mit seinem Hund Peps am sonnigen Nachmittag des 3. Mai 1849 durch die Dresdner Altstadt. Die Stimmung auf den Straßen und Plätzen ist erwartungsvoll gespannt. Werden sich die Dresdner gegen den König erheben? Wird es zum Volksaufstand kommen? Die letzten Tage hat es heftige Debatten im Vaterlandsverein und kleinere Demonstrationen auf der Straße gegeben. Männer, die sich der Bürgerwehr angeschlossen haben, versammeln sich. Plötzlich läuten die Glocken der Annenkirche Sturm. Peps winselt und beginnt am ganzen Körper zu zittern. Richard nimmt den kleinen Hund auf den Arm: »Jetzt geht's los!«, sagt er zu Peps, aber mehr noch zu sich selbst. Dabei hält er dem Hund die Ohren zu, damit er von dem Getöse nicht noch mehr verstört wird.

Richard klingelt bei dem Sänger Tichatschek, um dessen Jagdgewehre für die Bewaffnung der Bürgerwehr einzusammeln. Doch Tichatschek ist verreist und seine Frau viel zu erschrocken, um an den Waffenschrank ihres Mannes zu gehen.

Vor dem Zeughaus, wo das Militär seine Waffen aufbewahrt, stoßen bürgerliche und königliche Truppen aufeinander. Wie

Barrikaden in Dresden, 1849

ein Lauffeuer verbreitet sich die Nachricht von dem entbrannten Kampf. Richard eilt zum Ort des Geschehens. Ein verwundeter Bürgergardist zieht eine Blutspur hinter sich her. Der Anblick versetzt Richard in höchste Aufregung. »Zu den Barrikaden! Zu den Barrikaden!«, ruft es von allen Seiten. Richard lässt sich von der Menge bis zum Rathaus mittreiben. Dort herrscht im Sitzungssaal Verwirrung und Ratlosigkeit: Der König soll preußische Truppen zur Hilfe gegen die Bürgerwehr herbeigerufen haben. Auf keinen Fall darf passieren, dass sich sächsische Truppen mit den Preußen gegen die eigene Bevölkerung stellen. Richard hebt Peps über die Barrikaden in der Innenstadt und macht sich auf den Heimweg in die westwärts gelegene Friedrichvorstadt. Dort erwartet ihn eine muntere Damengesellschaft: Seine Nichten Klara und Ottilie sind zu Besuch. Die Unruhen in der Stadt sorgen hier für Neugier und Heiterkeit.

Am nächsten Morgen, dem 4. Mai, geht Richard allein in die Druckerei der »Volksblätter«: »Seid Ihr mit uns gegen fremde Truppen?«, lässt er auf Flugblätter drucken. Dann verteilt er die Zettel unter den sächsischen Soldaten.

Der König hat in der Früh die Stadt verlassen. Eine provisorische bürgerliche Regierung wird gebildet. Sie versucht in den folgenden Tagen, die Verteidigung der Innenstadt durch die Bürgerwehr zu organisieren. Der Architekt Gottfried Semper, der sich nicht nur auf den Bau herrschaftlicher Opernhäuser versteht, überprüft die Stabilität der Barrikaden. Der Waffenstillstand endet am 5. Mai mittags.

Richard steigt auf den Turm der Kreuzkirche, um das Gefecht zwischen Volkskämpfern und Militär als Beobachter zu verfolgen. Über 90 Meter hoch ist der Turm. Alle Viertelstunde brausen die Glocken der Turmuhr Richard ins Ohr. Richard und ein paar andere Mitstreiter versuchen von oben ringsum in den Straßen und auf den Plätzen unter ihnen zu erkennen, wo sich die preußischen und sächsischen Abteilungen verschanzen. Die Männer beschreiben Zettel mit ihren Beobachtungen. Sie wickeln die Zettel um herumliegende Ziegelbrocken und werfen sie für die wagemutigen Boten der Bürgerwehr herunter. Preußische Scharfschützen haben den Turm der Frauenkirche keine 500 Meter Luftlinie entfernt besetzt. Von dort drüben pfeifen Kugeln um den Kreuzturm. Ein paar von ihnen schlagen in die Mauer des Turmes ein. Der Oberlehrer Wilhelm Berthold ist zunehmend besorgt und fragt Richard, ob er nicht vor Einbruch der Dunkelheit nach Hause gehen wolle.

»Keine Sorge, ich bin unsterblich!«, behauptet der königliche Kapellmeister Richard Wagner. Der luftige Posten erscheint ihm viel zu spannend, um ihn vorzeitig aufzugeben. Erst am folgenden Sonntagmorgen kehrt er nach Hause zurück.

Flucht ins Exil

Drei Tage später erleidet die provisorische bürgerliche Regierung ihre Niederlage, zahlreiche Revolutionäre werden zu Zuchthaus und Todesstrafe verurteilt. Nicht nur in Dresden, auch in anderen europäischen Städten wie Berlin und Rom ist die Revolution gescheitert.

Richard Wagner wird von Freunden und Verwandten zur Flucht gedrängt. Er fährt zu Liszt nach Weimar. Am 19. Mai erreicht ihn Minnas Nachricht aus Dresden: Dort wird er von der Polizei gesucht.

Richard muss ins Exil. Solange er sich auf deutschem Boden aufhält, droht ihm die Todesstrafe. Er muss das Land verlassen, ist von Freunden, Familie und bisherigem Arbeitsplatz abgeschnitten. Dieser Zustand wird ihn über zehn Jahre lang bedrücken.

Mit der finanziellen Hilfe von Franz Liszt gelangt Richard Wagner in die Schweiz nach Zürich. Minna kommt im Herbst 1849 mit Tochter Natalie, Hund Peps und Papagei Papo nach. Sie hat eine riesige Wut: Warum bloß musste Richard seine feste Stelle als Hofkapellmeister so fahrlässig aufs Spiel setzen?! Noch aus Sachsen hat sie ihm am 18. Juli 1849 einen deutlichen Brief geschrieben: »Du wirst es hoffentlich, mein lieber Richard, einsehen, dass ich, indem ich zu Dir komme, kein kleines Opfer bringe. Was für einer Zukunft gehe ich jetzt entgegen, was kannst Du mir bieten?«

Wagner als Theoretiker – Das Kunstwerk der Zukunft

Die Lebensbedingungen in Zürich sind für das Ehepaar Wagner nicht leicht. Die Geldsorgen reißen nicht ab, weil Richard sein Bedürfnis nach gehobenem Lebensstandard und Geselligkeit nicht einfach ablegen kann. Er gerät in eine Schaffenskrise. Sein letzter Dramenentwurf, an dem er in Dresden gearbeitet hat, hieß »Jesus von Nazareth«. In Zürich beginnt er ein neues Werk, »Wieland der Schmied«. Weder das eine noch das andere Projekt gelangt zur Komposition. Wagner ist nicht nur mit den gesellschaftlichen Zuständen in der Mitte des 19. Jahrhunderts unzufrieden, er äußert auch grundlegende Kritik an der Entwicklung der Kunstform »Oper«. Seine Gedanken hält er in mehreren theoretischen Schriften fest: »Die Kunst und die Revolution« und »Das Kunstwerk der Zukunft« erscheinen beide 1849. In der umfangreichsten Schrift »Oper und Drama« aus dem Jahr 1851 beschreibt Wagner, wie er sich das Musikdrama der Zukunft vorstellt. Die praktische Umsetzung seines Ideals soll mit dem Bühnenfestspiel »Der Ring des Nibelungen« folgen.

In »Oper und Drama« schreibt er als Erstes eine Art Gattungsgeschichte. Als die Oper um 1600 in Italien »erfunden« wurde, verband sie alle Künste miteinander. Der italienische Sammelbegriff »Opera« bedeutet nicht mehr als »Werke« (*opus, opera* = Werk, Werke). Gemeint sind das Schauspiel, der Tanz, die Musik mit Gesang und Instrumenten sowie die bildende Kunst im Bühnenbild und den Kostümen. So stellt sich auch Wagner das antike griechische Vorbild vor. Doch er erkennt einen großen Irrtum: Schon früh in der Operngeschichte wird

Die Kunst und die Revolution.

Von

Richard Wagner.

Wie aus die Kunst schwere, sogar die Unart,
welches aus der Geschichte mit auf den Grundstein
der Praxis gehört; zu aller in den Kampf wieder her
Künstler am.

Leipzig,
Verlag von Otto Wigand.
1849.

Das

Kunstwerk der Zukunft.

Von

Richard Wagner.

Leipzig,
Verlag von Otto Wigand.
1850.

Oper und Drama.

Von

Richard Wagner.

Erster Theil.

Die Oper und das Wesen der Musik.

Leipzig,
Verlagsbuchhandlung von J. J. Weber.
1852.

das Mittel zum Zweck. Statt mithilfe der Musik eine spannende Geschichte darzustellen, werden immer unwahrscheinlichere Geschichten konstruiert, um aufregende, vor allem aber »schöne« Musik zu komponieren. Wagner tritt mit dem Anspruch an, beides zu leisten: ein spannendes Drama und aufregende Musik zu schreiben. »Ich schreibe keine Opern mehr: da ich keinen willkürlichen Namen für meine Arbeiten erfinden will, so nenne ich sie Dramen«, erklärt Wagner.

Seine Vorbilder sind seit seiner Jugendzeit der Dramatiker Shakespeare und der Sinfoniker Beethoven. Wagner teilt mit vielen anderen Komponisten die Ansicht, dass Beethoven mit seinen neun Sinfonien den Höhe- und Endpunkt der Sinfonie erreicht habe. Wagner will nun weitergehen und quasi als Fortsetzung Beethoven und Shakespeare in einer Art sinfonischen Oper verbinden.

Bereits in Dresden hat sich Wagner mit der Nibelungensage beschäftigt. Aus verschiedenen Quellen wie der isländischen Sammlung »Edda« und dem mittelhochdeutschen »Nibelungenlied« baut er sich seine eigene deutsche Mythologie zusammen. Mythen sind überlieferte Geschichten eines Volkes, die von dessen Entstehung, seinen Göttern und Helden erzählen. Die Themen wiederholen sich: Familie, Werden und Vergehen, Siege und Niederlagen.

Götter, Riesen, Helden, Menschen und die Zwerge aus Nibelheim, die Nibelungen, bekämpfen sich. Unter dem Titel »Siegfrieds Tod« hatte Richard einen ersten Entwurf verfasst, welcher der Nibelungensage noch sehr nah ist. Den eigenen Text nimmt sich Richard in Zürich wieder vor. Er beginnt sein Großwerk vom Ende her: Er stellt fest, dass er zu viel Vorgeschichte erzählen muss, um »Siegfrieds Tod« zu erklären. Es werden vier Teile: »Das Rheingold«, »Die Walküre«, »Siegfried« und »Die Götterdämmerung«. Sie handeln alle von der Unvereinbarkeit von Macht und Liebe. Gott Wotan versucht mit allen möglichen

Tricks – Verstellung, Gewalt, Vertragsbruch und der Instrumentalisierung der eigenen Nachkommen – Macht auszuüben und dennoch geliebt zu werden. Doch er treibt dadurch sowohl seine Gegner als auch seine Familie ins Verderben.

Damit die Sängerstars glänzen können, werden in der traditionellen Oper kunstvolle Arien, Duette oder Ensembles aneinandergereiht. Unterbrochen werden die musikalischen Nummern allenfalls durch Rezitative. In dieser Art Sprechgesang können die Opernfiguren Dialoge führen, die zum Verständnis der Handlung wichtig sind. Wagner hat die Grenzen zwischen den »Nummern« bereits im »Tannhäuser« aufgehoben. Weil er die Arien mit ihren oft gereimten Texten und Wiederholungen unnatürlich und undramatisch findet, greift er im »Ring« auf ein uraltes Stilmittel zurück, das in germanischen Dichtungen zu finden ist. Der Stabreim entstand wahrscheinlich, noch bevor die Menschen Gedichte aufgeschrieben haben. Die Worte »reimen« sich, indem sie mit dem gleichen Buchstaben beginnen: »Schwarzes, schwieliges Schwefelgezwerg«; »Garstig glatter glitschriger Glimmer«. Man kommt heute wie damals leicht in Versuchung, über diese Wortketten zu lachen. Gleichzeitig aber schafft Wagner mit seiner sogenannten Versmelodie bereits eine kleine Sprachmusik. Wer diese Zungenbrecher laut liest, hört sofort, wie hässlich der von den Nixen ausgelachte Zwerg ist und wie dieser an den Felswänden abrutscht.

Wichtiger noch als die gut hörbaren, gleichklingenden Konsonanten ist für den Komponisten, dass in seinem freien Vers später die Gesangsmelodie allen natürlichen Wortbetonungen folgen kann. Denn würde er ein festes Reimschema vertonen wie zum Beispiel »Hänschen klein / ging allein / in die weite Welt hinein«, so müsste die Melodie ebenfalls einen bestimmten Rhythmus wiederholen und das unschöne Geleier nähme seinen Lauf – oder falsche Betonungen wären die Folge. Er gewinnt dadurch zusätzlich die Freiheit, bei bedeutungsstarken Worten wie »Liebe« mitten im Satz die Tonart zu wechseln.

Weil Wagner sich dem Drama verbunden fühlt, gibt es auch keine Duette mehr. Jede Person lässt die andere »aussprechen«. Insofern knüpft er an den Sprechgesang des Rezitativs an. Das bedeutet einen schweren Verlust, denn der mehrstimmige Gesang fällt bis auf wenige Passagen weg. Wagners deutlichster Kritiker Eduard Hanslick liefert für dieses Nacheinandersingen einen unverschämt alltäglichen, aber dafür sehr anschaulichen Vergleich: Er nennt es »musikalischen Gänsemarsch«.

Den Chor, den das antike Drama als Kommentator kennt, braucht Wagner nicht. Seine Funktion übernimmt das Orchester.

Das Orchester Richard Wagners spielt eine »unendliche Melodie«. Schon als Dirigent forderte Wagner von jedem einzelnen Musiker, dass er jede einzelne Note mit Leben erfüllt. Dasselbe verlangt er nun von sich als Komponist: Jeder Ton des Orchesters soll »melodisch« sein. Darunter versteht Wagner, dass alle Töne Ausdruck und Bedeutung tragen. Weil er sich dagegen wehrt, etwas zu komponieren, das lediglich einer Regel genügt, vermeidet er typische Begleitfiguren und Kadenzen. Sie sind nach Wagners Verständnis nicht »melodisch«, weil sie keine eigene Aussage treffen. Kadenzen sind ungefähr so, als würde man die Punkte am Ende eines Satzes mitsprechen. Weil die Melodie ohne Kadenzen nicht zum Grundton zurückfällt, wird sie »unendlich«.

Musikstücke der Klassik ähneln der zur gleichen Zeit entstandenen Architektur: Sie sind überschaubare Gebäude, deren Plan sich relativ leicht nachzeichnen lässt, weil viel Symmetrie darin steckt. So wird zum Beispiel jedes Mal der erste Teil des ersten Sonaten- oder Sinfoniesatzes wiederholt. Es gibt auch

klarere Proportionen, das heißt, die Teile eines Stückes stehen in bestimmten Größenverhältnissen zueinander. Plötzlich aber bauen Komponisten der neuen Generation wie Schumann, Chopin, Liszt oder Wagner Häuser, bei denen nicht klar ist, ob man sie durch die Haustür betreten hat oder durch die Hintertür hineingeschlüpft ist. Der Grundriss ihrer Werke ist nicht mehr vorhersehbar. Natürlich haben auch ihre Musikstücke einen Anfang und ein Ende. Aber es kann sein, dass einem nur das Schlafzimmer gezeigt wird. Der Unterschied ist auch vergleichbar mit dem Verhältnis von Aufklärung zu Romantik: Zur Zeit der Aufklärung werden strenge, logisch aufgebaute Gebäude entworfen, die Romantik plant Landschaftsgärten, die möglichst natürlich wirken sollen – obwohl sie vom Menschen angelegt sind.

Während sich Wagner von den symmetrischen Formen abwendet, stützt er seine Musik durch andere Strukturelemente. Hier kommen die Leitmotive ins Spiel. Schon Carl Maria von Weber und Hector Berlioz benutzen Leitmotive, nur heißen sie da noch nicht so. Wagner wird den Begriff selber erst kurz vor Lebensende übernehmen, weil ihn andere Musikkritiker und -schriftsteller häufig benutzen. Wagners Leitmotive sind fest und beweglich: Wie in einem Teppich verstärken sie ein Gewebe aus Melodiefäden. Sie sind aber auch wandelbar und bringen neue Motive hervor. Zum Beispiel geht aus dem »Ring«-Motiv das »Walhall«-Motiv hervor.

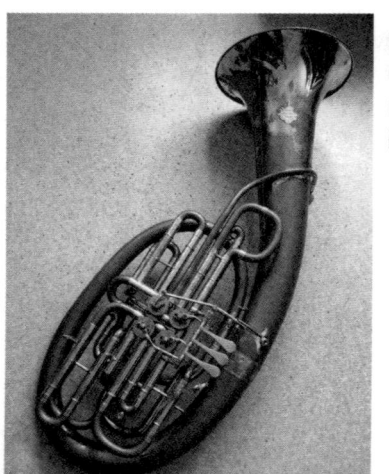

Wagner wird ein Meister der Instrumentierung. Trompeten, Posaunen und Hörner reichen ihm für seine Klangvorstellungen nicht aus. Weil ihm die Instrumente von Adolphe Sax, die Saxophone, nicht gefallen, wird ihm eine Mainzer Firma in den 1860er Jahren die Wagnertuba bauen.

Das ist sinnvoll, weil aus dem Schatz des Rheingoldes der Ring geschmiedet wird, mit dem die Götterburg Walhall bezahlt wird. Der Ring verleiht Macht, die Burg demonstriert Macht. Es bildet sich ein Netz aus miteinander verwandten Motiven. Wagner schafft enge Sinnzusammenhänge zwischen gesungenem Text und wissender Orchestermusik. Oft entscheidet er erst im Arbeitsschritt von der Orchesterskizze zum Schreiben der Partitur, welche Melodie von der Gesangsstimme ausgeführt wird. Wagner vergleicht das Orchester mit den fließenden, lebendigen Tiefen des Ozeans, über die das aus Worten gezimmerte Schiff des Gesanges segelt.

Gegenüber einem Freund bezeichnet Wagner seine theoretische Schrift »Oper und Drama« als sein Testament, also als seinen letzten, von der Nachwelt zu ehrenden Willen. Dabei hat er noch fast sein halbes Leben vor sich. Seine »Theorie« vom Kunstwerk der Zukunft ist ganz auf ihn und seinen »Ring« zugeschnitten. Im Umkehrschluss bedeutet das: Nur einer kann das »Kunststück« vollbringen, nämlich Richard Wagner. Und: Gibt es dann überhaupt noch andere Künstler außer ihm?

Es entsteht ein Widerspruch. Von einer Theorie erwarten wir eine gewisse allgemeine Gültigkeit. Andere Komponisten teilen vielleicht Wagners Kritik an der traditionellen Oper. Aber wollen sie deshalb seine Musiksprache sprechen? Wo Wagners Theorie zur Anwendung kommt, zeigt sie sich als der persönliche Stil des Künstlers Wagner.

Richard Wagner glaubt an die enge Verbindung von Kunst und Gesellschaft. Von der Revolution erhofften sich er und viele andere eine Veränderung der Gesellschaft. Nachdem die politische Revolution von 1848 gescheitert ist, scheint nun doch die Kunst die Gesellschaft verbessern zu müssen. Wagners Theorie wird zur Botschaft. Die Ankündigungen seiner Werke ähneln Heilsverkündungen, die umso begieriger von seinen Anhängern aufgenommen werden. Was die Politik nicht bewirken kann, soll die Kunst leisten. Die Schaffenskrise, die Wagner in den Anfangsjahren seines Züricher Exils vom Komponieren abhielt, wird überwunden.

Von seinen Freunden verlangt Richard Wagner unbedingte Gefolgschaft: »Nur diese Freunde aber, die vor allem für den Künstler auch als Menschen Teilnahme empfinden, sind fähig ihn zu verstehen«, schreibt er 1851 in seinem ersten autobiografischen Text, der »Mitteilung an meine Freunde«. Daraus folgt aber auch: Wer gegen seine Kunst ist, ist gegen ihn. Wer gegen seine Kunst ist, ist gegen den Fortschritt der Gesellschaft und damit gegen das Gute. Und wer gegen das Gute ist, der muss für das Schlechte sein. Alles, womit Wagner die eigenen Ziele untermauern kann, wird begeistert aufgesogen. Alles, was den eigenen Ansichten zuwiderläuft, wird zurückgewiesen und verurteilt.

So funktionieren Sekten, pseudoreligiöse Gemeinschaften, deren Anhängern eine bessere Welt vorgetäuscht wird. Dafür sind die Gefolgsleute bereit, der Persönlichkeit an der Spitze einiges zu opfern, immer auch Geld. Es bleibt nur noch ein Entweder-Oder. Deshalb sind die radikalen Wagnerianer – manche von ihnen bis heute – damit beschäftigt, nicht nur ihr Idol zu preisen, sondern gleichzeitig andere schlechtzumachen und herabzusetzen.

Ein düsteres Kapitel – Wagner als Antisemit

Es zählt zu den negativen Charakterseiten Richard Wagners, Konkurrenten und Kritiker anzufeinden. Im Lauf seines Lebens verfestigen sich seine Vorurteile gegen bestimmte Gruppierungen. Am folgenreichsten trifft es die Juden. Während seiner schwierigen Anfangszeit im Schweizer Exil veröffentlicht er 1850 unter dem erfundenen Namen K. Freigedank einen judenfeindlichen Artikel in der »Neuen Zeitschrift für Musik« mit dem Titel »Über das Judentum in der Musik«.

Seit der Französischen Revolution erhalten die europäischen Juden in kleinen Schritten die gleichen Rechte wie die übrigen, überwiegend christlichen Bürger. Nach wiederholten Vertreibungen sind viele Juden gewohnt, sich an neuen Orten und in Städten zurechtzufinden. Aufgrund des jüdischen Schulwesens können im Durchschnitt mehr jüdische Kinder lesen und schreiben als beispielsweise in der ländlichen deutschen Bevölkerung. Umso schneller gelingt es jüdischen Bürgern, die gewonnenen Rechte zu nutzen. Vor allem ergreifen Eltern die Bildungschancen für ihre Kinder. Dass einige von ihnen die nichtjüdischen Bürger übertreffen, erregt Neid und Missgunst. Um sich gesellschaftlich anzupassen, lassen sich viele Juden im 19. Jahrhundert taufen, was ihnen von missgünstigen Menschen als Täuschungsmanöver vorgehalten wird.

Wagner scheut keine Verallgemeinerungen, obwohl er zu seinem Freundeskreis sein Leben lang Juden zählt, die seine Pauschalurteile widerlegen. Er unterstellt, dass alle Juden ausnahmslos Deutsch als Fremdsprache erlernten. Er betrachtet Juden als Vertreter einer entwurzelten Rasse. Weil sie keine eigene Sprache

und Volkstradition besäßen, könnten sie auch keine glaubwürdige Kunst hervorbringen. Wagner schreibt in seinem Artikel: »Der Jude, der an sich unfähig ist, weder durch seine äußere Erscheinung noch durch seine Sprache, am allerwenigsten aber durch seinen Gesang, sich uns künstlerisch kundzutun, hat nichtsdestoweniger es vermocht, in der verbreitetsten der modernen Kunstarten, der Musik, zur Beherrschung des öffentlichen Geschmackes zu gelangen.«

Weil die Musik so oberflächlich geworden wäre, hätten jüdische Komponisten überhaupt erst so erfolgreich werden können. Die Musik des jung verstorbenen Felix Mendelssohn Bartholdy kritisiert er als »Geplapper«. Ohne seinen Namen zu nennen, verunglimpft er Giacomo Meyerbeer. Ihm verdankt Wagner Geld, die Empfehlung des »Rienzi« und einiges mehr, was er schlicht leugnet. Meyerbeers Opern seien genauso langweilig wie der einlullende Gesang in einer Synagoge. Dem Dichter Heinrich Heine wirft er vor, sich zum Dichter »gelogen« zu haben. Dabei verdankt er ihm zwei entscheidende Quellen seiner Opern. Neben dem »Holländer« liefert Heine auch eine wichtige Quelle zum »Tannhäuser«, was Wagner aber absichtlich »vergisst«.

Wagner wird diesen Artikel fast zwanzig Jahre später noch einmal mit seinem richtigen Namen veröffentlichen. Seine antisemitische Hassrede fällt in den Jahren der deutschen Reichsgründung von 1871 auf fruchtbaren Boden und führt unweigerlich dazu, dass Wagner von späteren Generationen als Vorläufer der Nationalsozialisten betrachtet wird. Dieser schwere Makel haftet Richard Wagner bis heute an.

Felix Mendelssohn Bartholdy

Giacomo Meyerbeer ließ sich nicht taufen. Sein Grab liegt auf einem Berliner jüdischen Friedhof.

Philosophische Förderer und Kritik

»Aus diesem innigen Verhältnis, welches die Musik zum wahren Wesen aller Dinge hat, ist auch dies zu erklären, dass wenn zu irgendeiner Szene, Handlung, Vorgang, Umgebung eine passende Musik ertönt, diese uns den geheimsten Sinn derselben aufzuschließen scheint und als der wichtigste und deutlichste Kommentar dazu auftritt.«

Dieser Absatz – man muss ihn mehrmals lesen, um ihn zu verstehen – wirkt wie die Beglaubigung von Wagners musikdramatischer Theorie. Richard entdeckt ihn im Hauptwerk des Philosophen Arthur Schopenhauer: »Die Welt als Wille und Vorstellung«. Er ist so begeistert von diesem fünfhundertseitigen Buch, dass er es im Laufe seines Lebens drei Mal ganz liest.

Schopenhauer verspottet die umständliche, hochtrabende Ausdrucksweise der Universitätsprofessoren. Er bemüht sich, seinen eigenen Ansprüchen gerecht zu werden und verständlich zu sein. Er schreibt zum Beispiel: »Für eine gelungene Rede gebrauche gewöhnliche Worte und sage ungewöhnliche Dinge.«

Schopenhauers Philosophie ist trotzdem nicht leicht nachzuvollziehen. Außerdem vertritt er sehr pessimistische Ansichten: Das Leben ist geprägt von Leiden, weil der Mensch immer wieder Opfer seiner ständig neu entstehenden Wünsche wird. Eine gute Nebenwirkung des Leidens erkennt Schopenhauer dagegen in der Fähigkeit der Menschen, mit anderen Wesen Mitleid zu empfinden. Denn das Mitleid führt zu mehr Mitmenschlichkeit, ganz im christlichen Sinne der Nächstenliebe.

Schopenhauer behauptet: »Die Welt ist meine Vorstellung.« Damit meint er, die Welt ist das, was sie dem Betrachter zu sein scheint. Die Ausnahme bildet der eigene Körper. Denn der Körper ist ein Teil der Welt, den ich unmittelbar fühle. Der Körper gehorcht jedoch nicht meinem bewussten Verstand, sondern dem Willen. Später werden Psychologen diesen Willen »Drang«, »Trieb«, »Unbewusstes« oder auch »Es« nennen. Mit der Frage, ob und wie der Wille zu kontrollieren sei, beginnt der moralische Streit. Also grob gesprochen die Unterscheidung: Was darf man tun und was nicht. Der Anspruch, darüber bestimmen zu können, was man tun darf und was nicht, verbindet sich mit Machtinteressen. Schopenhauer kritisiert, dass unter dem Vorwand, moralisch zu handeln, Macht ausgeübt und missbraucht wird.

Schopenhauer schätzt jede Form des künstlerischen Ausdrucks. Denn er ist der Auffassung, dass es der Kunst gelingt, das Wesentliche der Dinge zu erfassen, ohne ein moralisches Urteil zu fällen. Die Musik schätzt Schopenhauer besonders hoch, weil er sie als unmittelbaren Ausdruck des Willens erachtet. Sie gehört nicht zu den nachbildenden Künsten, wie zum Beispiel die Malerei, die von Vorstellungen geleitet sind.

Arthur
Schopenhauer

Ein sehr viel jüngerer Philosoph teilt Wagners Schopenhauer-Verehrung und wird erst zu Wagners klügstem Bewunderer, um später sein leidenschaftlichster Kritiker zu werden: Friedrich Nietzsche. Zunächst betrachtet er die Idee von Wagners Musikdrama als echtes Spiegelbild der antiken Tragödie. Doch je berühmter Wagner und seine Werke werden, umso mehr geht Nietzsche auf Abstand. Wagner'sche Musikklängen und Lautstärken quälen ihn körperlich, weil er unter häufiger Migräne leidet. Vor allem aber wird ihm das selbstsüchtige Wesen Wagners immer unerträglicher. Im Laufe der Jahre lehnt Nietzsche das Schopenhauer'sche, Wagner'sche, das ganze christliche Leidensbild ab. Obwohl er selber unter vielen psychischen und

physischen Krankheiten leidet, sucht er nach einem
Gegengewicht zu der Ansicht, das Leben sei Leiden und der Tod die Erlösung. Er wünscht sich
ein »Ja« zum Leben, zum menschlichen Körper,
zum Genuss des Lebens und gegen das Mitleid.
Denn das Mitleid werde zu oft mit trügerischer
Absicht geweckt: Jemand schreit, um Aufmerksamkeit zu erregen. Und derjenige, der Hilfe leistet, füttert letzten Endes nur das egoistische Gefühl, ein besserer Mensch zu sein.

Friedrich Nietzsche

Verwandlung »Ring«-Lesung

> *Zu einer Vorlesung meiner kürzlich vollendeten*
> *dramatischen Dichtung »Der Ring des Nibelungen«,*
> *deren einzelne Theile ich an vier auf einander folgenden*
> *Abenden (nämlich am 16ten, 17ten, 18ten und 19ten*
> *dieses Monates) jedesmal um 6 Uhr, im unteren Saale des*
> *Dépendance-Gebäudes des Hôtel de Baur vorzutragen*
> *gedenke, lade ich Sie*
>
> *liebe Eliza*
>
> *hierdurch freundschaftlichst ein.*
> *Sehr gern werde ich auch den Herrn oder die Dame*
> *meinen Vorlesungen zugegen wissen, die Sie, in der*
> *Voraussetzung näherer Theilnahme für den Gegenstand,*
> *auch uneingeladen mir zuführen sollten.*
>
> *Zürich, 12. Februar 1853.*
> *Richard Wagner*

Der erste Abend der »Ring«-Lesung ist gutgegangen. Als Richard
am nächsten Morgen des 17. Februar aufwacht und nach Minna
rufen will, bringt er keinen Ton heraus. Erst nach einigem Räus-

pern kann er sie mit heiserer Stimme darum bitten, ihm Tee zu kochen und den Doktor zu holen.

Dr. Rahn-Escher, Hausarzt und -freund der Wagners, beruhigt Richard: »Ihre gute Frau hat ganz recht: Bleiben Sie im Bett und machen Sie den Mund erst wieder heute Abend zum Sprechen auf. Ziehen Sie sich warm an und trinken Sie während der Lesung immer wieder mal einen Schluck Kräutertee. Das wäre doch ein Jammer, wenn Ihre schöne Lesung unterbrochen würde! Ich wünsche gute Besserung.«

Um punkt sechs Uhr setzt sich Richard in Samtjacke und Decken gehüllt an den Tisch im Saal des Hotels. Darauf stehen eine Petroleumlampe und ein Teetablett.

Der Saal ist viel dichter besetzt als am Vorabend. Über Nacht hat sich herumgesprochen, wie packend Wagner sein mythologisches Drama vorträgt. In der ersten Reihe sitzt auf den Stammplätzen das Ehepaar François und Eliza Wille, er ist Journalist, sie ist Romanschriftstellerin. Daneben haben der Regierungsrat Jakob Sulzer und das Musikerehepaar Heim Platz genommen. Auf der anderen Seite von Willes sitzt der Seidenfabrikant Otto Wesendonck mit seiner jungen Gemahlin Mathilde. Der Musiklehrer Wilhelm Baumgartner ist mit ein paar Kollegen gekommen. Der Literaturprofessor Ettmüller, der Rechtsanwalt Spyri und viele andere bekannte und unbekannte Gesichter haben sich erwartungsvoll eingefunden.

Zum Zeichen des Anfangs hebt Richard Wagner sein Manuskript etwas in die Höhe, begrüßt die Gäste mit einem freundlichen Lächeln und beginnt zu lesen: »Die Walküre. Orchestervorspiel. Stürmisches d-Moll im 3-Halbe-Takt. Erster Aufzug.«

Mit seiner sächsisch gefärbten, hohen Stimme trägt Wagner den Text vor. Die Regieanweisungen und Namen der Figuren liest er selbstverständlich mit:

»Wotan: Drum rat ich dir, reize mich nicht!
Besorge, was ich befahl: Siegmund falle!
Dies sei der Walküre Werk!
(Er stürmt fort und verschwindet im Gebirge.)
Brünnhilde: *(steht lange erschrocken und betäubt)*
So sah ich Siegvater nie. *(Sie sinnt vor sich hin
und seufzt dann auf.)*
Im höchsten Leid muss dich treulos die Treue verlassen!
(Sie wendet sich langsam dem Hintergrunde zu.)«

Andächtig lauschen die Gäste.

Tristan u. Isolde

Und meine ließ ... ...
bleibt mir noch fern.

Vierter
Aufzug

Muse
Mathilde

Seit Anfang 1852 nimmt das Ehepaar Otto und Mathilde Wesendonck am gesellschaftlichen Leben Zürichs teil. Er ist ein schwerreicher deutscher Industrieller, sie eine kultivierte, musisch hochinteressierte junge Frau. Gemeinsam hören sie Richards »Ring«-Lesung. Richard Wagner fühlt sich von dem Erfolg dieser halböffentlichen Veranstaltung im Februar 1853 ermutigt. Er plant drei Sonderkonzerte mit eigenen Werken im Züricher Theater, die das Ehepaar Wesendonck kräftig fördert. Bei diesen allerersten Wagner-Festspielen an seinem 40. Geburtstag im Mai 1853 erreicht seine Popularität ihren ersten Höhepunkt.

Aufgeführt werden in sich geschlossene Teile aller bisher komponierten Opern: Vorspiele, Chöre, »Arien«, Märsche und Zwischenmusiken aus »Rienzi«, »Der Fliegende Holländer«, »Tannhäuser« und »Lohengrin«. Richard sonnt sich im Applaus, er ist stolz auf die jubelnden Kritiken.

»Als die letzten schmetternden Töne des Hochzeitsmarschs und damit auch des schönen Musikfestes verklangen, flogen Kränze und Bouquets von allen Seiten, das ganze Haus jubelte, die Musiker fielen ein mit ihrem Tusch«, schreibt Bernhard Spyri in seinem Konzertbericht für die »Eidgenössische Zeitung« vom 23. Mai.

Richard Wagner erliegt dem Erfolg. Er will mehr: mehr Anerkennung, mehr Einfluss, mehr Geld – wie viele erfolgreiche Menschen, die sich an den erreichten Zielen nicht freuen können, sondern nach höheren Positionen lechzen, nach häufigerer Presse, berühmteren Auftrittsorten und so weiter. Die Gipfel werden mit zunehmender Höhe immer seltener, die Täler dazwischen immer tiefer.

Richard reagiert auf Stress mit dem Aufblühen einer juckenden Gesichtsrose. Sein Gesicht ist dann mit roten Flecken übersät. Wiederholt wird er von Brustschmerzen, Magenproblemen und Unterleibsleiden geplagt. Er trinkt Alkohol, allerdings in Maßen. Doch er ist ein leidenschaftlicher Nutzer von Schnupftabak, und sein Arzt ermahnt ihn mehrfach, auf den Tabak zu verzichten.

Mathilde Wesendonck

Richard braucht nicht nur Zustimmung und Anerkennung. Er giert nach Bewunderung, insbesondere von Frauen. Dabei mangelt es nicht an Verehrerinnen. Äußerlich ist Richard nicht attraktiv, er hat schlechte Haut, dünnes blondes Haar und ist mit 1,66 Metern eher klein. Aber er besitzt eine starke Ausstrahlung und Charme.

Mathilde Wesendonck ist von Wagners Musik und Persönlichkeit fasziniert. Sie wird zu seiner Muse, sie inspiriert Richard. Und sie bringt ihren Ehemann dazu, großzügig als Mäzen wieder und wieder Richard finanziell unter die Arme zu greifen. Im Frühjahr 1857 beziehen die Wesendoncks eine prächtige Villa oberhalb des Zürichsees. Heute befindet sich darin ein Museum afrikanischer, amerikanischer und asiatischer Kunst. Auf dem Anwesen steht noch ein weiteres Haus. Dieses wird den Wagners als Zufluchtsort, als »Asyl«, mietfrei überlassen.

Nun wird der Kontakt noch enger. Mit Richard kann sich Mathilde über alle schöngeistigen Dinge unterhalten. Ihr Mann kauft Kunst, Richard macht Kunst. Die Liebesbeziehung der beiden scheint im Sinne der hohen Minne frei von körperlicher Nähe gewesen zu sein. Dafür ist das seelische, geistige Interesse aneinander umso stärker und erregt mit Recht die Eifersucht der beiden Ehepartner Minna und Otto.

Richards »Ring«-Komposition ist ins Stocken geraten. »Rheingold« und »Walküre« sind zwar fertig, aber mit »Siegfried« geht es nicht voran. Wir wissen, dass der abgeschlossene »Ring« zwanzig Jahre später uraufgeführt wurde, doch Wagner selbst konnte sich nicht sicher sein, ob dies jemals gelingen sollte. Er verabschiedet sich im Sommer 1857 pathetisch von »Siegfried« und seinem »Ring« – zumindest vorläufig. Gleichzeitig macht ihn der Entschluss frei für sein nächstes Werk.

Bereits 1854 hat er den Inhalt zu seiner musikdramatischen Version der Liebesgeschichte von »Tristan und Isolde« aufgeschrieben. Damals hat er noch Franz Liszt geklagt: »Da ich nun aber doch im Leben nie das eigentliche Glück der Liebe genossen habe, so will ich diesem schönsten aller Träume noch ein Denkmal setzen.« Inzwischen vergleicht er sich und Mathilde mit Tristan und Isolde.

Keine zwei Wochen nachdem er den »Siegfried« beiseitegelegt hat, beginnt er mit der Dichtung seines Textbuches zu »Tristan und Isolde«. Nach zwei Monaten hat er es geschrieben und fängt drei Tage später das Komponieren an. Parallel dazu vertont er fünf Gedichte von Mathilde, die fünf »Wesendonck-Lieder«.

Frauen werden im 19. Jahrhundert dazu erzogen, sich mit Kunst zu beschäftigen. Sie dürfen Klavier spielen, malen und Gedichte schreiben. Aber nur in wenigen Ausnahmen nimmt man ihre künstlerischen Erzeugnisse ernst. Selten gelingt es einer Muse, so konkret an einem Werk teilzuhaben wie Mathilde. Die Wesendonck-Lieder sind vergleichbar einer Sammlung von Parfum-Miniaturflakons. Mathildes Texte liefern wie die duftenden Essenzen zur Herstellung verschiedener Parfums die Elemente Höhenflug, Heimatlosigkeit, Vergänglichkeit, Liebes- und Todessehnsucht. Richard löst sie im Alkohol der Musik, um ihren Duft zu verbreiten.

Der Duft dieser im Herbst 1857 entstandenen Lieder ist ziemlich schwer. Wer mit einem Lied eher etwas Kleines, Feines, Zartes wie Schuberts »Heideröslein« verbindet, fühlt sich hier so erdrückt, als betrete er ein schwülwarmes »Treibhaus« – so lautet tatsächlich der Titel eines der Lieder. Zwei der fünf Lieder bezeichnet Richard Wagner als Studien zu »Tristan und Isolde«. »Im Treibhaus« und »Träume« geben einen Vorgeschmack auf die »Tristan«-Musik. Weil Wagner neben seinen stundenlangen Musikdramen fast keine kurzen Stücke komponiert hat, sind die Wesendonck-Lieder umso einzigartiger.

Kostümentwürfe für »Tristan und Isolde«

Die Spannungen auf dem Wesendonck'schen Anwesen werden im Laufe des Jahres 1858 so groß, dass es Anfang April zu einer heftigen Auseinandersetzung zwischen Minna und Mathilde kommt. Danach wird Minna zur Kur geschickt, und das Ehepaar Wesendonck macht Urlaub in Italien. Wenig später sind wieder alle versammelt. Im Sommer kommt noch das junge Ehepaar von Bülow dazu: Hans von Bülow, ein junger begabter Dirigent, der Wagner tief verehrt, und seine Frau Cosima, Tochter von Franz Liszt. Hans war Cosimas Klavierlehrer und sie hat ihn als begabten Musiker aus gutem Hause in Berlin geheiratet. Gegenüber dem vierundzwanzig Jahre älteren Wagner versinkt Cosima in tiefe, selbstzerstörerische Bewunderung.

Richard flüchtet aus dem engen Netz von Verehrern und eifersüchtigen Frauen. Am 17. August reist er in Begleitung seines Schülers Karl Ritter mit dem Ziel Venedig ab. Er überlässt es gewohnheitsmäßig seiner Frau, sich um seine Hinterlassenschaft zu kümmern. Minna gibt in der Zeitung Annoncen auf und verkauft, was im »Asyl« nicht niet- und nagelfest ist. Spätestens durch ihre Zeitungsanzeigen ist die Stadt über das Zerwürfnis der prominenten Ehepaare informiert. Nachdem Minna ihren Mann hat ziehen lassen, macht sie Mathilde für das Scheitern ihrer Ehe verantwortlich: »Geehrte Frau! Mit blutendem Herzen muss ich Ihnen vor meiner Abreise noch sagen, dass es Ihnen gelungen ist, meinen Mann nach beinahe zweiundzwanzigjähriger Ehe von mir zu trennen. Möge diese edle Tat zu Ihrer Beruhigung, zu Ihrem Glücke beitragen.«

Minna muss jemandem anderen die Schuld geben. Denn sie selber schafft es nicht, sich endgültig von ihrem egoistischen Mann zu trennen.

»Tristan und Isolde«

»Tristan und Isolde« gehören neben »Romeo und Julia« zu den berühmtesten Liebespaaren der Weltliteratur. Im Kampf zwischen Isoldes Verlobtem Morold und Tristan wird Tristan verwundet und Morold getötet. Nur Isolde, die irische Prinzessin, kann Tristans Wunde heilen. Unter falschem Namen kommt Tristan zu ihr, um sich von ihr das Leben retten zu lassen. Obwohl sie in ihm den Mörder ihres Verlobten erkennt, verliebt sie sich und heilt ihn. Tristan jedoch gesteht sich seine Liebe zu Isolde nicht ein. Stattdessen macht er sich zum Brautführer. Er holt Isolde nach England, um sie mit seinem Onkel Marke, dem König von England, zu verheiraten. Isolde will den Konflikt lösen, indem sie gemeinsam mit Tristan einen Todestrank trinkt. Doch ihre Vertraute Brangäne hat die Tränke vertauscht:

Statt des Todestranks bereitet sie einen Liebestrank. Der bewirkt, dass sich die Liebenden im vermeintlichen Augenblick des Todes endlich zu ihren wahren Gefühlen füreinander bekennen. Im Weiterleben aber können sie ihre Liebe nicht mehr verheimlichen. Darum sehnen sie sich danach, gemeinsam zu sterben.

Der Wunsch Liebender, sich zu einem Wesen zu vereinen, hat wie der Todeswunsch vielfältige religiöse und philosophische Hintergründe, auf die sich Richard Wagner bezieht. Einer davon führt zu dem antiken griechischen Philosophen Platon: Der stellte sich vor, dass im Menschen ursprünglich beide Geschlechter wie die Hälften einer Kugel vereint gewesen seien. Die Götter hätten die Kugel gespalten und ihre Hälften in männliche und weibliche Wesen

LANGSAM UND SCHMACHTEND

getrennt. Seither drängen
die Hälften danach, ihre verlore-
ne Hälfte wiederzufinden
und wieder eins und damit erst
wirklich Mensch zu werden.
Wagner nimmt keinerlei
Rücksicht darauf, was Sänger
und Orchester damals verstehen
und leisten können. Er
komponiert so, wie er will.
Wie schon in der begonnenen
»Ring«-Komposition ver-
meidet er harmonische Floskeln.
Normalerweise verlangen
Dissonanzen (= Missklänge)
danach, in Konsonanzen
(= Zusammenklänge) aufgelöst
zu werden. Auf Anspannung
folgt Entspannung. Die dis-

sonanten Akkorde, wie der
oben abgedruckte »Tristan-
Akkord«, werden bei
Wagner nicht mehr aufgelöst,
sondern zu immer neuen
Tonkombinationen geführt.
Vielleicht ist dieser Vergleich
hilfreich: Reine Haut gilt
als schön. Aber wie die Konso-
nanz kann sie auch ein bisschen
langweilig sein. Es gibt nichts
daran herumzupulen. Dage-
gen die juckenden Dissonanzen!
Auch wenn wir wissen, dass
man an einem Mückenstich
nicht kratzen soll: Wir tun es
trotzdem. Und so, wie der
Moment des Kratzens Erleichterung verschafft, so löst sich
die Dissonanz. Damit ist die
störende Stelle aber nicht
beseitigt. Die Wagner'schen

Dissonanzen lösen sich nicht in ruhige Konsonanzen auf. Stattdessen bilden sich neue rote Stellen, von denen man noch nicht weiß, wie sie sich entwickeln werden. Auf dem eigenen Arm erscheint so etwas lästig. Aber in der Musik bereiten diese Irritationen eine aufregende Wechselspannung.

Die Melodien in »Tristan und Isolde« streben nicht zum Grundton zurück, sondern immer weiter zu neuen Tonarten. Verschiedene Rhythmen und Taktstrukturen von Orchester und Gesangsstimme überlagern einander. Alles zusammen erzeugt ein ungewisses Tasten, Schweben, Vorwärtsdrängen, so dass es das undeutliche Sehnen, Verlangen, die Ekstase und die erneute Sehnsucht Liebender zum Ausdruck bringt.

Das ist für die Ohren der Zeitgenossen und der ausübenden Musiker etwas völlig Neues. Die Wiener Hofoper versucht zwischen 1861 und 1863 in etlichen Proben, »Tristan und Isolde« einzustudieren. Die enormen Schwierigkeiten lassen die Wiener scheitern, und Wagner erhält eine Absage. Erst 1865 wird die Oper in München uraufgeführt. Sie hat bis heute weder ihre Schwierigkeiten noch ihre rauschhafte Sogwirkung verloren.

Skandal in Paris

Am 6. August 1859 nachmittags um halb fünf beendet Richard die Partitur und damit sein neuestes Werk: »Tristan und Isolde«. Selbstbewusst hält er die Daten von Beginn und Vollendung seiner Werke fest. Denn gerade Opern werden im 19. Jahrhundert je nach Aufführungsort, Sängern und Veranstalterwünschen eingerichtet. Das heißt, man kürzt, stellt um, ergänzt, transponiert (indem beispielsweise eine Arie in eine tiefere Tonart verlegt wird, weil der Tenor den höchsten Ton sonst nicht kriegt). Vor solchen Eingriffen möchte Wagner seine Werke schützen.

So sicher er sich beim künstlerischen Schaffen ist, so unsicher ist seine äußere Existenz. Fragen wie: Wo ist mein Zuhause? Wie verdiene ich meinen Lebensunterhalt? bedrängen ihn. Er hält sich gerade wieder in der Schweiz auf. In Zürich nimmt er die Gastfreundschaft der Wesendoncks in Anspruch. Er verkauft Otto Wesendonck den unvollständigen, in der Mitte des »Siegfried« abgebrochenen »Ring«. Das Geld braucht er, weil er nach Paris ziehen will. Nach den Enttäuschungen zwanzig Jahre zuvor will er es mit einem zweiten Anlauf in der französischen Hauptstadt schaffen. Er strebt eine Aufführung des »Tannhäuser« in der Pariser Oper an.

»Auf großen Erfolg glaube ich rechnen zu dürfen«, schreibt er an Minna, mit der er in brieflichem Kontakt steht. Richard irrt sich wie so oft. Aufgrund seines übergroßen Selbstvertrauens mietet er gleich ein Haus im schon damals noblen 16. Bezirk und engagiert Hausangestellte und einen Diener. Doch Minna fehlt ihm, und er überredet sie, wieder zu ihm zu kommen. Sie reist erneut mit Hund und Papagei an – aktuell sind das Fips und Jacquot – und entlässt bis auf das schwäbische Hausmädchen Therese das gesamte Personal.

Aufführung des »Tannhäuser« in Paris

Auch zu Beginn der 1860er Jahre ist es schwer, in Paris Fuß zu fassen. Hans von Bülow unterstützt Richard bei der Organisation mehrerer Konzerte, in denen Richard Wagner auswendig Passagen aus »Tannhäuser«, »Lohengrin« und »Holländer« dirigiert. Richard investiert dazu das Honorar, das ihm der Schott-Verlag für die Fertigstellung des »Rings« gezahlt hat. Otto Wesendonck, dem der »Ring« ja eigentlich schon gehörte, leistet keinen Widerstand. Der Gewinn besteht vor allem darin, dass nun über Wagner geredet wird. Musiker, Schriftsteller, Kritiker, Diplomaten bilden eine neu erworbene Anhängerschaft. Richard lädt sie mittwochabends in seinen eigenen Salon ein.

Zu diesem Kreis gehört auch der Dichter Charles Baudelaire. Er beschreibt Wagners Musik so: »Überall in Ihren Werken habe ich die Feierlichkeit der großen Klangballungen, der großen Ausblicke in die Natur und die Erhabenheit der großen menschlichen Leidenschaften gefunden.« Baudelaire begründet den französischen »wagnérisme«. Der Wagnerismus umfasst allerdings nicht den musikalischen Einfluss Wagners auf andere Komponisten, sondern er bezieht sich vor allem auf Dichter und Maler, die für

Paul Cézanne bestimmt, was hier gespielt wird: »Mädchen am Klavier (Tannhäuser-Ouvertüre)«

Wagner schwärmen, weil sie ihre eigenen Kunstvorstellungen bei ihm wiedererkennen. Im 19. Jahrhundert jagen sich in Kultur und Politik die -ismen: Liberalismus, Nationalismus, Sozialismus, später Realismus, Naturalismus und so weiter. Es ist eher die Ausnahme, dass sich ein -ismus an den Namen einer einzelnen Persönlichkeit hängt. Wie wirkt es, wenn der eigene Familienname plötzlich ein -ismus trägt?

Wagners Anhänger in Paris lieben seine Musik. Manche von ihnen haben sich schon Jahre vor den Konzerten die Noten besorgt und studiert. Und sie haben seine Schriften und die Zeitungsartikel über ihn gelesen. In den 1850er Jahren hat sich das Großbürgertum in Paris endgültig breitgemacht. So gut wie alle revolutionären Denker sind emigriert oder haben sich enttäuscht zurückgezogen. Wagner wird als revolutionärer Hitzkopf begrüßt, der Politik und Kunst miteinander in Beziehung setzt.

Doch nicht die Anhänger der Revolution set-
zen die Aufführung des »Tannhäuser« durch,
sondern dies geschieht an höchster Stelle. Hans
von Bülow besitzt Kontakte zu Diplomaten-
kreisen, und über ein paar Ecken gerät das
Vorhaben, eine Wagner-Oper in Paris aufzuführen, an die Ehefrau des österreichischen
Botschafters. Sie drängt – ohne Sachverstand,
aber entschlossen und erfolgreich – den französischen Kaiser Napoleon III., Wagners Oper spielen zu lassen.

Über mehrere Monate kämpft Wagner mit den Ge-
pflogenheiten der Pariser Oper: Er komponiert ein Ballett, allerdings für den ersten Akt. Das Ensemble, also alle an der Aufführung mitwirkenden Musiker und Sänger, benötigt zwischen
September 1860 und März 1861 insgesamt 164 Proben! Wagner
wird nicht gestattet, sein Werk selber zu dirigieren. Stattdessen
scheitert der »eselhafteste, dickfelligste, unmusikalischste aller
Kapellmeister« an der musikalischen Umsetzung, so das Urteil Hans von Bülows. Die drei Vorstellungen werden lautstark
kommentiert, gestört, beklatscht und ausgepfiffen. Mehrere
Parteien, darunter Presse, Ballettfans, Adelscliquen, liefern sich
heftige Auseinandersetzungen. Richard Wagner hat die Nase
voll und lässt die weiteren Aufführungen absetzen. Hätte er noch
Geduld gehabt, dann hätten ihm die Folgevorstellungen vermutlich den erhofften Durchbruch gebracht. Doch auch ohne weitere Aufführungen sorgt der Skandal für Wagners Ruhm. Über
Frankreich hinaus machen die Berichte die Leute begierig, seine
Opern selber zu sehen, zu hören, zu beurteilen oder zumindest
mitreden zu können.

Richard Wagner ist in den nächsten Jahren viel auf Konzertreisen unterwegs. Er dirigiert mehrere Aufführungen seiner
Opern. Vor allem aber präsentiert er in Konzerten Ausschnitte
aus fertigen Werken wie die Vorspiele zu »Lohengrin« und
»Tannhäuser«. Er präsentiert auch schon Teile aus dem noch

unfertigen »Ring«, aus »Tristan und Isolde« und einem neuen Werk: Im Winter 1861/62 beschließt er, die »Meistersinger« aus der Schublade zu holen. Selbstsicher, wie er ist, gibt er auch daraus Kostproben, bevor das ganze Stück fertig ist.

»Die Meistersinger von Nürnberg«

In getragenem C-Dur lässt Richard Wagner die Meistersinger von Nürnberg aufmarschieren. Die Handlung hat er schon im Sommer 1845 als Gegenstück zu »Tannhäuser« entworfen. In beiden Werken wird ein Wettbewerb veranstaltet, bei dem die Teilnehmer sowohl Dichter als auch Komponisten in einem sind. Sie schreiben eigene Gedichte und die Musik dazu und tragen sie dann auch selbst vor. Bei »Tannhäuser« wird über die Inhalte der Liebeslieder gestritten. Die »Meistersinger« sind vor allem darauf aus, dass alle Regeln der Form sorgfältig eingehalten werden. Wagner hat in seinen Musikdramen bereits etliche Regeln mit voller Absicht verletzt. Deshalb ist es spannend zu erfahren, wie er über

Formgesetze und Regelbrecher denkt. Er dichtet dazu Worte über Dichtung und komponiert »Musik über Musik«. Die Hauptfigur Hans Sachs lebt als Schuster und Meistersinger im Nürnberg des 16. Jahrhunderts. In der protestantischen Reichsstadt werden deutsche Choräle gesungen. Die erste Szene der Oper beginnt mit dem Schlusschoral eines Gottesdienstes. Der Chor singt ihn a capella, das heißt ohne Instrumente des Orchesters. Aber Wagner zerteilt den sich langsam dahinschleppenden Choral: Zwischen die Verszeilen des Chorales schiebt er jeweils zwei Takte, in denen wechselnde Instrumente des Orchesters über ein ausgespro-

ff

chen romantisches Motiv improvisieren.

Der Ritter Walther von Stolzing flirtet per Blickkontakt mit Eva Pogner. Nachdem die Kirchgänger die Kirche verlassen haben, spricht Walther sie an. Er fragt Eva ganz direkt, ob sie schon vergeben sei. Die Handwerkertochter Eva steht vor dem gleichen Problem wie die Förstertochter Agathe im »Freischütz«: Max muss einen Probeschuss abgeben, Walther ein Meisterlied singen, um die Hand der unmündigen Tochter zu erhalten. Was in den folgenden vier Stunden der Oper (und rund 24 Stunden der Handlung) passiert, hat mit Liebe herzlich wenig zu tun. Stattdessen wird Walther und mit ihm das Publikum in mehreren Lektionen ausführlich darüber belehrt, wie der

deutsche Meistersang funktioniert. Das Ganze soll lustig sein: Wagner hat lange Zeit den Text »Komödie« genannt. Die schmerzhaften Dissonanzen der »Tristan«-Musik sind wie weggescheucht. Während im »Tristan« alles fließt und strömt, erscheint die Musik der »Meistersinger« so diesseitig und alltäglich wie ein Paar Schuhe. »Die Meistersinger« sind Wagners einziges Musikdrama, in dem ausschließlich Menschen auftreten. Keine überirdischen Kräfte wie Zaubertränke werden eingesetzt. Nur die Kunst erhebt den Geist und die Seele. Die Meistersinger achten darauf, dass sie es gemäß der Regeln tut. Dadurch bleibt alles Fantastische bodenständig. Damit Walther als Bewerber um den Meistertitel antreten kann, lässt er sich im Schnellverfahren die Regeln

erklären. Das dauert für
den Zuhörer endlos lang und
bleibt trotzdem unverständlich.
Die Handwerker-Meister-
singer sind dem adligen New-
comer gegenüber sehr ablehnend
eingestellt. Nur Hans Sachs
findet, dass Regeln auf ihre
Tauglichkeit hin durchaus ab
und zu überprüft werden
sollten. Denn Kunst, die nur
den Regeln folgt, ist langweilig.
Walther erweist sich als
Naturtalent: Ohne sich um
Regeln zu kümmern, überzeugt
er – zumindest Hans Sachs.
Der hilft Walther vor dem
Wettbewerb heimlich, seinen
Traumbericht in das Lied
»Morgendlich leuchtend«
zu verwandeln, so dass es
den Mindestanforderungen
entspricht. Und so hört
man Walthers Meisterlied
einmal in der Werkstatt,

unterbrochen von Sachs'
technischen Anmerkungen,
und dann ein zweites Mal
beim Wettbewerb auf
der Festwiese. Angefeuert von
der Wettbewerbssituation
und mit Blick auf die geliebte
Eva übertrifft Walther seine
Erstfassung des Liedes. Kunst
ist nicht mehr Handwerk,
sondern Selbstaussage.
Als Evas Vater Pogner ihn
zum Meister ernennt, wider-
spricht Walther: »Nicht
Meister! Nein! Will ohne
Meister selig sein!«
»Verachtet mir die Meister
nicht, und ehrt mir ihre
Kunst!«, mahnt ihn darauf
Hans Sachs. Hier lässt Wagner
den Sänger im Schlusswort
sagen, was der Komponist
Wagner schon vom ersten Takt
an praktiziert: dass ohne
Kenntnis der Tradition nichts
Neues entstehen kann.

Begnadigung und andauernde Unruhe

Im Mai 1849 war der sechsunddreißigjährige Revolutionär Richard Wagner vor der Todesstrafe aus Sachsen geflohen. In zwei Etappen wird er nach mehr als einem Jahrzehnt begnadigt. Bei den Streitereien um den »Tannhäuser« in Paris setzen sich deutsche Adlige für ihn ein. Sie erwirken einen Straferlass, der es Richard im Juli 1860 erlaubt, wieder nach Deutschland zu reisen, mit Ausnahme Sachsens. Im März 1862 wird auch dort die Strafe aufgehoben. Damit ist die Zeit der Verbannung beendet. An Richards Unruhe ändert sich jedoch nichts.

Er ist dauernd unterwegs und führt Verhandlungen mit Opernhäusern wegen der Uraufführung des »Tristan«. Erst ist er im Gespräch mit dem Großherzog von Baden in Karlsruhe. Dann fährt er nach Wien, um nach geeigneten Sängern zu suchen, denn im Mai 1861 finden dort gerade Proben zum »Lohengrin« statt. Er kommt zum ersten Mal in den Genuss, seine eigene Oper zu hören, und wird stürmisch gefeiert. Die Verhandlungen über eine »Tristan«-Uraufführung verlagern sich von Karlsruhe nach Wien.

Er gibt an vielen Orten Konzerte, in denen er Ausschnitte aus seinen Bühnenwerken dirigiert. Eine Konzertreise führt ihn sogar bis nach St. Petersburg und Moskau. Nach wie vor schwanken seine Einnahmen, während seine Ausgaben gleichbleibend zu hoch sind. Der Fünfzigjährige steckt auch die diversen Krankheiten nicht mehr so leicht weg. Richard ist es nicht gewohnt, allein zu sein. Immer waren Freunde, Schüler, Verehrerinnen um ihn. Und er hatte Minna, die ohne ihn nach Dresden zurückgekehrt ist. Richard lässt ihr zwar zuverlässig eine jährliche Rente zukommen, doch sobald sie zusammen sind, streiten sie fürchterlich. Es hagelt Vorwürfe, denen Richard nichts entgegensetzen kann als ein »So bin ich eben«. Im Herbst 1862 besucht er sie zum letzten Mal. Obwohl sie seit Langem getrennt leben, widersetzt sich Minna der Scheidung. Denn Richard hat sich nach einer neuen Frau umgesehen.

Er bezieht in Biebrich am Rhein Quartier. Er ist schon oft im gegenüberliegenden Mainz gewesen, dem Sitz des Schott-Verlages, der den »Ring« gekauft hat. Biebrich ist heute ein Ortsteil von Wiesbaden. Richard wohnt geografisch zwischen zwei potenziellen Partnerinnen: Mathilde Maier, einer zahmen Mainzer Notarstochter, und Friederike Mayer, einer wilden Frankfurter Schauspielerin. Er kann sich nicht entscheiden. Außerdem steht er immer noch mit Mathilde Wesendonck in Kontakt. Und er empfindet Sympathie für Hans von Bülows Ehefrau Cosima.

Im Frühling 1863 zieht es ihn schon wieder weiter, diesmal nach Wien, wo man sich mit den »Tristan«-Proben abmüht. Er richtet sich im vornehmen Vorort Penzing mit Möbeln, Tapeten und Personal ein, was seine finanziellen Verhältnisse grandios übersteigt. »a. Speisezimmer: Dunkelbraun mit kleinen Rosenknospen (sehr einfach). b. Arbeitssalon: Glatt Lila, einfarbig,

Wienstraße 221: Wagners Adresse in Penzing bei Wien

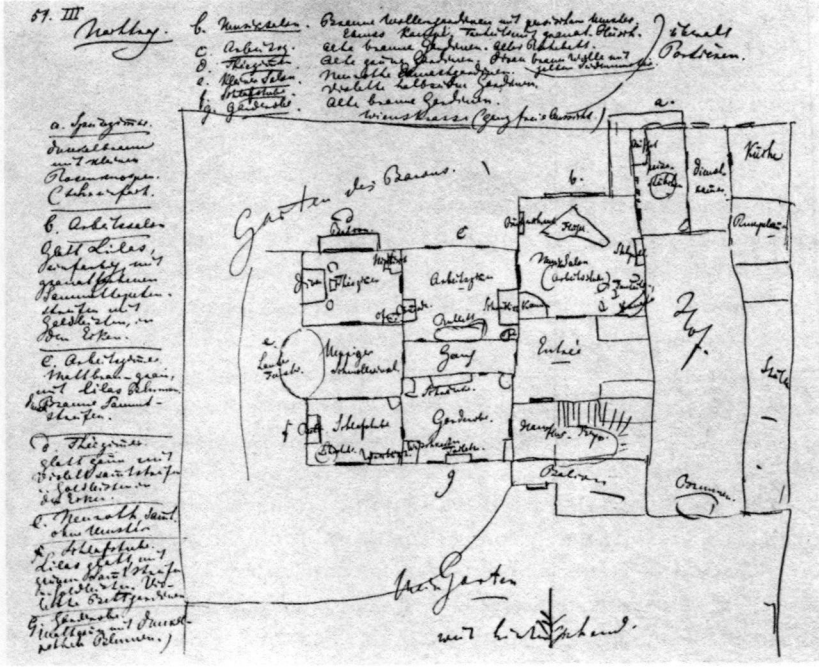

mit granatfarbenen Sammettapetenstreifen mit Goldleisten, in den Ecken. c. Arbeitszimmer: Mattbraun-grau, mit lilas Blumen. Dunkelbraune Sammetstreifen. d. Théezimmer: Glatt grün mit Violettsammetstreifen und Goldleisten in den Ecken.« Mit dem von ihm selbst gezeichneten und beschrifteten Grundriss und der Beschreibung dieser dunklen Samthöhle versucht er, Mathilde Maier nach Wien zu locken. Er fühlt sich einsam und schlägt Mathilde zum soundsovielten Mal vor, als Hausfrau bei ihm zu leben. Aber Mathilde antwortet ebenso zum soundsovielten Mal: »Nur wenn Du mich heiratest!« Da Richard aber immer noch mit Minna verheiratet ist, wird nichts daraus. Für die allernotwendigsten Zärtlichkeiten findet sich Mariechen, eine Verwandte seiner Hausangestellten.

An Otto Wesendonck schreibt Richard: »Bei alledem verliere ich die alte Lust noch nicht, meine endlich erwählte Wohnung mir so behaglich wie möglich herzurichten. Wollt Ihr etwas dazu beitragen, so wird mir das von niemand willkommener sein: das wissen Sie!« Wesendonck verzichtet auf die ihm angediente Ehre. Im Herbst 1863 ist Richard pleite. Er stellt immer neue Wechsel aus. Das bedeutet, er macht Schulden, um Schulden zu zahlen. Und er verspricht, was er wissentlich nicht halten kann. Im März 1864 wird die Lage für Richard immer kritischer. Als sich herausstellt, dass die Musik für die Sänger zu schwierig ist, werden die Proben von »Tristan und Isolde« an der Wiener Hofoper abgebrochen. Außerdem gerät Richards waghalsiger Finanzierungsplan mit den Wechseln in eine Sackgasse. Bis weit ins 19. Jahrhundert gibt es Schuldgefängnisse. Wer zu oft seine Rechnungen nicht bezahlt, wird eingesperrt. Das ist nun wirklich das Allerletzte, was Richard will. Er verkauft schnell ein paar seiner Möbel, um genug Reisegeld in der Tasche zu haben, und verschwindet am 23. März mit dem Zug aus Wien nach München.

In der bayerischen Hauptstadt ist die Bevölkerung während dieser Tage in einer eigenartigen Stimmung: König Maximilian II. ist zwei Wochen zuvor gestorben. In einem Schaufenster betrachtet Richard das Bild des blutjungen, frischgekrönten bayerischen Königs Ludwig II. In München will Richard nicht bleiben. Er setzt seine Flucht fort, um wie schon öfter in Zürich Unterschlupf zu finden.

Verwandlung Am Scheitelpunkt

»Ach Richard, ich verstehe, welche Enttäuschungen Sie in den ganzen Jahren erlitten haben. Aber ein Mensch wie Sie, der doch vor Einfällen nur so überfließt, der kann nicht ohne Zukunft sein.«

»Was reden Sie von Zukunft, wenn meine Manuskripte im Schrein verschlossen liegen!«, jammert Richard. »Wer soll das Kunstwerk aufführen, das ich, nur ich unter Mitwirkung glücklicher Dämonen zur Erscheinung bringen kann, dass alle Welt wisse, so ist es, so hat der Meister sein Werk geschaut und gewollt?«

Richard fühlt sich an einem Tiefpunkt und ist voller Ungewissheit, wie es in seinem Leben weitergehen soll. Er ist bei Eliza Wille untergekommen, nachdem Wesendoncks seine Selbsteinladung schweigend abgelehnt haben. Die Schriftstellerin Eliza Wille wohnt ganz gemütlich am Ufer des Zürichsees. Ihr Mann ist gerade verreist. Sie spielte schon während Richards Züricher Exil die Rolle der Vertrauten und Beraterin in allen privaten Angelegenheiten. Jetzt wimmelt sie alle neugierigen Besucher erfolgreich ab. Richard verschlingt einen Roman nach dem anderen, darunter auch einen Roman seiner Gastgeberin, um sich von seiner eigenen Gegenwart abzulenken. Wenn es ihm in seinen Zimmern zu kalt wird und sich seine Gedanken wieder im Kreis drehen, geht er zu Eliza, um sich mit ihr zu unterhalten, oder besser gesagt, um mit ihr über sich und seine missliche Lage zu reden.

Richard ist so aufgewühlt, dass er hin und her durch das Zimmer läuft. Dann bleibt er vor Eliza stehen und sagt: »Schönheit, Glanz, Licht muss ich haben! Die Welt ist mir schuldig, was ich brauche! Ich kann nicht leben auf einer elenden Organistenstelle wie Ihr Meister Bach! – Ist es denn eine unerhörte Forderung, wenn ich meine, das bisschen Luxus, das ich leiden mag, komme mir zu? Ich, der ich der Welt und Tausenden Genuss bereite?«

Zufluchtsort Mariafeld, das Landhaus des Ehepaars Wille

Eliza bekommt jetzt beinahe ein schlechtes Gewissen. Sie wird nach diesem Gespräch sofort die Öfen nachheizen, die Lampen auffüllen und Tinte und Briefpapier nachlegen lassen.

Als Richard nach dem Abendessen wieder an seinem Schreibtisch sitzt, bemerkt er die Veränderungen gar nicht. Er schreibt seinem Freund, dem Komponisten Peter Cornelius, einen verzweifelten Brief: »Ein gutes, wahrhaft hilfreiches Wunder muss mir jetzt begegnen: sonst ist's aus!«

Doch das Wunder lässt erst einmal auf sich warten. Stattdessen kommt François Wille nach Hause. Schlagartig verändert sich die Atmosphäre. Herr Wille macht seinem Logiergast unverblümt deutlich, dass er die Rolle des Hausherrn klar für sich beansprucht. Am 28. April 1864 verabschiedet sich Richard vom Ehepaar Wille. Er behauptet, sich an ein paar Theatern in Deutschland umschauen zu wollen. Eliza nimmt noch einmal ihre ganze Zuversicht zusammen. Sie reicht Richard die Hand und legt die andere auf seinen Arm: »Es wird sich etwas ereignen.«

Fünfter Aufzug

Mit einem König befreundet sein

Richards erste Anlaufstelle nach der Abreise aus Zürich ist Stuttgart. Er trifft sich mit dem Kapellmeister Eckert, in dessen Haus er auch gleich die Mahlzeiten einnimmt. Auch das Hotel zahlen Eckerts still und leise. Der Mainzer Musiker Wendelin Weißheimer ist auf Richards Ruf nach Stuttgart geeilt. Ihm will er weitere Teile der »Meistersinger« geben, damit Weißheimer schon mal anfängt, den Klavierauszug zu arrangieren.

Am Montag, dem 2. Mai 1864, wird bei Eckerts eine Karte für Wagner abgegeben. Ein Gesandter des bayerischen Königs wolle ihn sprechen. Richard gerät in Panik: Wie hat man ihn hier aufspüren können? Sind die Wiener Gläubiger hinter ihm her? Am nächsten Vormittag packt er die Koffer, um zu verschwinden und sich gemeinsam mit Weißheimer zum Arbeiten in einem billigen Gasthof auf der Schwäbischen Alb zu verkriechen. Auf einmal wird Hofrat von Pfistermeister gemeldet. Richard lässt den Fluchtgedanken fallen und bittet den bayerischen Beamten herein.

Pfistermeister war seit Wagners hastiger Abreise aus Wien den gleichen Weg hinterhergejagt: von Wien nach Zürich und jetzt nach Stuttgart, wo er ihn endlich zu fassen kriegt. Er überbringt zwei königliche Mitbringsel, einen Ring und ein Bild des jungen Königs, so ähnlich wie Richard es vor ein paar Wochen in München gesehen hat. Damit verbindet er die Aufforderung, ihm nach München zu folgen.

Wie ein Deus ex machina – ein Theatertrick, wenn niemandem mehr eine glaubwürdige Lösung einfällt – empfängt der bayerische König am 4. Mai Richard Wagner und bezahlt als Erstes Richards Schulden. Noch am selben Tag schreibt Richard an Eliza Wille: »[Der König] liebt mich mit der Innigkeit und Glut der ersten Liebe: er kennt und weiß alles von mir, und versteht mich wie meine Seele. Er will, ich soll immerdar bei ihm bleiben, arbeiten, ausruhen, meine Werke aufführen; er will mir alles geben, was ich dazu brauche; ich soll die Nibelungen fertig machen, und er will sie aufführen, wie ich will. Ich soll mein unumschränkter Herr sein, nicht Kapellmeister, nichts als ich und sein Freund.«

»Mein gnadenreicher, junger König!«, »Erhabener, göttlicher Freund!«, »Mein angebeteter, engelgleicher Freund!«, »Heißgeliebter, Angebeteter, Herr meines Lebens!«, so beginnen ihre Briefe. Doch es ist eine »Freundschaft«, die auf einem Missverständnis gründet. Ludwig spielt in ihr seine Rolle mit verblendeter Leidenschaft, der Künstler spielt die seine mit skrupellosem Geschick.

Prinz Ludwig,
der spätere bayerische König,
als Jugendlicher

Ludwig wird am 25. August 1845 in München geboren und wächst im Schloss Hohenschwangau auf. Mit fünfzehn Jahren sieht er eine Aufführung von Wagners romantischer Oper über den Schwanenritter Lohengrin. Der fantasievolle Prinz verbindet seine Schwärmerei für Schwäne, Schlösser und geheimnisvolle Helden mit der Verehrung des Dichters und Komponisten Wagner. Als sein Vater König Maximilian II. stirbt, folgt Ludwig mit nur achtzehn Jahren auf den bayerischen Thron. Von den Regierungsgeschäften ist er völlig überfordert. Seine erste Amtshandlung besteht darin, Wagner suchen und nach München bringen zu lassen. Von Musik versteht er kaum etwas.

Der große Altersunterschied von über dreißig Jahren und der gesellschaftliche Abstand kümmern Wagner nicht. Er ist in seinem Leben schon so vielen Menschen begegnet: adligen Herrschern, mit denen er Verträge schließt, Berühmtheiten, denen er echtes Interesse entgegenbringt, Mäzenen, die er zu unterhalten versteht, Schülern und Anhängern, mit denen er endlose Gespräche führt – und alle kann er für seine Zwecke benutzen und schamlos anpumpen.

Der Bayernkönig ist genau die Geldquelle, die sich zur Verwirklichung seines Lebenswerks auftun musste. Schon in Zürich hatte Richard von einem eigenen Festspielhaus geträumt. In dem neuen Bau sollte sein größtes Werk, der »Ring«, aufgeführt werden. Angesichts der Schwierigkeiten bei den »Tristan«-Proben in Wien, fantasiert er nun erneut von einem eigenen Haus. Er ahnt, dass kein Theater in der Lage sein würde, bei laufendem Betrieb und mehreren verschiedenen Stücken auf dem Spielplan den »Ring« nach seinen Vorstellungen aufzuführen: mit einem gut vorbereiteten Orchester, Sängern, die gesanglich wie darstellerisch überzeugen, und einer Bühnentechnik, die alle Verwandlungen von Rheinfluten bis zu Götterburgen reibungslos zustande bringt. Anstatt sich von dem Projekt zu verabschieden, hat er schon Ende 1862 die Voraussetzungen für ein eigenes Theaterunternehmen beschrieben. Am besten siedelt es sich in einer kleinen Provinzstadt an, wo sonst nichts los ist. Bezahlt werden sollen die Festspiele von privaten Stiftern oder einem Fürsten. »Wird dieser Fürst sich finden?«, so lautete die Frage des ehemaligen Revolutionärs.

Der Fürst hat sich gefunden.

Richard Wagner nimmt sich den »Ring« wieder vor, den er mitten im »Siegfried« sieben Jahre vorher beiseitegelegt hat. Er verkauft das immer noch unvollständige Werk an die Königlich Bayerische Kabinettskasse, inzwischen zum dritten Mal.

Ludwig vergöttert den Künstler Wagner und sucht seine Nähe, so wie das einem jungen Monarchen möglich ist. Er will Anteil nehmen an Wagners Leben. Deshalb drängt er ihn nicht nur zum Komponieren, sondern fordert ihn auf, seine Lebenserinnerungen aufzuschreiben. Dem Bericht über sein eigenes Leben wird Richard Wagner in den folgenden Jahren mit ähnlichem Eifer und dramatischem Können nachkommen wie der Arbeit an seinen Musikdramen. In »Mein Leben« beschreibt Richard seine Erlebnisse mit schonungsloser Offenheit und verfälscht sie wissentlich nur dort, wo er auf die Person Rücksicht nimmt, der er seine Memoiren diktiert: seiner Geliebten.

Verbotene Liebe

Nachdem Richard wieder über Arbeitsaufträge und Geld verfügt, hat er auch wieder eine Frau an seiner Seite gefunden. Es ist Cosima von Bülow, die diese Stelle entschlossen einnimmt. Sie verbringt die meiste Zeit in der Wohnung Richards – als Sekretärin, Schatzmeisterin und Geliebte. Aus Verehrung für den Musiker Wagner erduldet ihr Ehemann Hans die quälende Situation. Cosimas Vater, Franz Liszt, macht sich Sorgen um die schweren Krankheiten seines Schwiegersohns Hans, und die Freundschaft zwischen Liszt und Wagner gerät in eine tiefe Krise. Doch immer wieder stellt auch Liszt das geniale Werk des Komponisten Wagner über das skandalöse Verhalten des Menschen Wagner. Am 10. April 1865 wird eine kleine Isolde geboren: Richards und Cosimas erstes gemeinsames Kind. Cosima behauptet ihrem Mann Hans gegenüber, er sei der Vater. Hans wird sein Leben lang so tun, als sei er nicht nur der Vater der beiden Töchter Daniela und Blandine, sondern als sei auch Isolde tatsächlich seine Tochter. Umgekehrt behandelt Richard Daniela und Blandine wie seine eigenen Kinder.

Richard Wagner,
Cosima von Bülow,
Hans von Bülow

Während Richard dem jungen Hans von Bülow die Frau aus-
spannt, legt sich dieser als Dirigent für die Uraufführung von
Wagners schwierigster Partitur ins Zeug. Am 10. Juni 1865 wird in
München »Tristan und Isolde« uraufgeführt. Die beiden Ehe-
leute Ludwig und Malwine Schnorr von Carolsfeld meistern die
Partien des Liebespaares. Es ist eine gute Aufführung. Publikum
und Kritiker sind von der Wucht und Andersartigkeit der Musik
wie betäubt. Wenige Wochen später stirbt der Tenor Ludwig
Schnorr von Carolsfeld. Mit ihm verliert Richard Wagner einen
seiner besten Interpreten.

Unterdessen treibt Ludwig II. den Bau des Festspielhauses
voran. Richard gefallen die Pläne des Theaters allerdings nicht. Er
findet es viel zu pompös. Auch von einer anderen Seite droht dem
König Ungemach. Die willkürlichen Ausgaben, die er für Wagner
veranlasst, sorgen bei den Ministern und der Bevölkerung für
Unmut. Die Vorwürfe bringen den unvorsichtigen Richard dazu,
sich in die Politik einzumischen. Gleichzeitig wird er zusehends
von Neidern beäugt. Gerüchte über das Paar Richard Wagner
und Cosima von Bülow machen die Runde. Ende des Jahres 1865
warnt der bayerische Ministerpräsident von der Pfordten den

Ludwig und Malwine Schnorr von Carolsfeld als »Tristan und Isolde«

König: Er habe »zu wählen zwischen der Liebe und Verehrung Ihres treuen Volkes und der Freundschaft Richard Wagners«. Ludwig gibt nach und drängt Wagner, Bayern zu verlassen.

Richard fährt in die Schweiz und guckt sich bald ein schönes Plätzchen aus: Auf der Landzunge Tribschen, die in den Vierwaldstätter See ragt, steht ein hübsches Haus. Er mietet es, und der bayerische König übernimmt kurz darauf die Kosten. Das findet Richard völlig in Ordnung. Weniger angenehm berührt ist er, als am 22. Mai 1866, seinem dreiundfünfzigsten Geburtstag, abends Ludwig persönlich vor der Tür steht. Dass sich der hohe Gast nicht im königlichen Ornat, sondern als Walther von Stolzing – der Figur aus Wagners »Meistersingern von Nürnberg« – verkleidet hat, mildert das Unbehagen kaum. Zwei Tage später reist der König wieder ab.

Der Umzug in die Schweiz hat wenig daran geändert, dass Richard angreifbar ist. Höchstes Risiko bedeutet die »wilde Ehe«, in der er mit Cosima lebt. Im Juni 1866 unterschreibt Ludwig eine Ehrenerklärung, die Richard ihm aufnötigt. Darin wendet sich der König an Hans von Bülow. Ihm gegenüber beteuert er, dass die Verleumder bestraft werden, die Bülow als betrogenen Ehemann hinstellen. Gedacht ist dieses Schreiben in erster Linie aber für Ludwig selbst und die Presse. Denn Hans ist über die Wahrheit im Bilde. Richard schreckt nicht davor zurück, den König eine glatte Lüge unterschreiben und veröffentlichen zu lassen.

Wenige Tage später bricht der preußisch-österreichische Krieg aus, in dem Bayern auf der Seite Österreichs gegen Preußen kämpft. In dem lockeren Verband der deutschen Staaten strebt Preußen eine Vormachtstellung an. Keinen Monat später sind erst die Österreicher, dann die Bayern besiegt. Ludwig will abdanken und träumt davon, bei dem vergötterten Wagner zu sein. Er schreibt Cosima einen Brief.

»Hilfe, was fällt dem bloß ein?!«, hört man Richard rufen und kann sich vorstellen, wie er die Hände über dem Kopf zusammenschlägt. Der König soll bleiben, wo er ist! Es wäre die

Tribschen

reinste Katastrophe, wenn Ludwig in München vom Thron steigt, den Geldhahn zudreht und dann nach Tribschen kommt, um das Familienleben mit Cosima zu stören. Aber Richard kennt derlei Situationen. Er verfasst also wieder ein seitenlanges Schreiben: »Geliebter! Hier muss mit großer Besonnenheit und Sicherheit verfahren werden: ist dafür Zögerung nöthig, so bringen Sie ein letztes Opfer, indem Sie es mir bringen. Blicken Sie auf mich, und gewahren Sie, welch ungeheure Last der Verantwortung meine Zustimmung zu Ihrem Entschlusse auf mich wirft.« Und Seiten später endet der Brief: »Nun, Theuerster! Genug für heute! Ich bin sehr erschöpft, und könnte nicht eine Seite mehr schreiben! – Sie wunderbar Herrlicher! Holder Genius meiner Seele! Ja, ich liebe Sie, – und wie Sie mich verstehen, verstehe ich Sie! – Kein

Zweifel an mir! Melden Sie mir bald Ihre gültige Antwort auf mein Schreiben! Treu und ewig eigen der Ihrige Richard Wagner, Luzern, 24. Juli 1866.«

Der König will die peinliche Dringlichkeit und dreiste Unverschämtheit, die aus diesen Zeilen spricht, nicht erkennen. Richard manipuliert seinen mächtigsten Anhänger und macht sich aus reinem Eigennutz zum Berater, Bewunderer und Tröster des jungen und schwachen Monarchen, der immer wieder mit dem Gedanken spielt, abzudanken oder gar Selbstmord zu begehen. Der Betrug geht noch zwei Jahre so weiter.

Anfang 1867 verlobt sich Ludwig II. widerwillig mit seiner Cousine Sophie Charlotte, doch bereits ein halbes Jahr später löst er die Verlobung wieder. Seine Homosexualität kann er nur mit Mühe geheim halten. Ludwigs sexuelle Vorliebe bezieht sich auf junge Männer, die er unter seiner Dienerschaft sucht oder auf ihr Aussehen hin überhaupt erst einstellt. Er zieht sich im Laufe seiner Regentschaft immer häufiger auf seine Schlösser und Berghütten zurück, wo er die Nacht zum Tage macht und seine Untergebenen schikaniert. Wagner behandelt er dagegen geradezu unterwürfig. Das höchste Strafmaß des Königs gegenüber seinem Komponistenfreund ist Schweigen.

Richard genießt seine Beziehung zu Cosima, die seine Tochter sein könnte. Doch es ist eine unschöne Konstellation, in der er sich bewegt: auf der einen Seite die Heuchelei gegenüber dem König, auf der anderen Seite die dauernde Verletzung des Ehemanns Hans. Im Februar 1867 kommt Eva zur Welt, die zweite Tochter von Richard und Cosima.

Richards fünfundfünfzigsten Geburtstag im Mai 1868 verbringen Komponist und König zusammen. Wagner hält sich in München auf, wo im Juni 1868 »Die Meistersinger von Nürnberg« uraufgeführt werden. Wieder dirigiert Hans von Bülow.

Erst im Oktober 1868 gesteht Richard nach vier Jahren dem König den Ehebruch. Im November zieht Cosima offiziell bei Richard in Tribschen mit ihren vier Töchtern ein: Daniela (*1860), Blandine (*1863), Isolde (*1865) und Eva (*1867). Nach der Geburt Siegfrieds im Juni 1869 bittet Cosima ihren Ehemann Hans von Bülow um die Scheidung. Er willigt ein. Ein Jahr später, am 25. August 1870, dem fünfundzwanzigsten Geburtstag König Ludwigs, heiraten die zweiunddreißigjährige Cosima und der siebenundfünfzigjährige Richard in Luzern.

Minna war bereits im Januar 1866 im Alter von sechsundfünfzig Jahren in Dresden gestorben.

Cosima und
Richard Wagner

»Siegfried-Idyll«

Wagner hat seit seinen ersten Gehversuchen als Komponist mit Ouvertüren und
Sinfonien keine reinen Orches-
terwerke mehr geschrieben.
Zum dreiunddreißigsten
Geburtstag Cosimas,
am 25. Dezember 1870, kommt
ein Werk zur Uraufführung,
das aus Wagners Musikdramen
wie eine kleine Insel der
Seligen herausragt. Musiziert
von dreizehn Freunden im
Treppenhaus des Landhauses
Tribschen, umfasst der »Sinfonische Geburtstagsgruß«
nur eine kammermusikalische
Besetzung: zwei Geigen,
Bratsche, Cello, Kontrabass,
Flöte, Oboe, zwei Klarinetten,
Fagott, zwei Hörner und
Trompete. Das Stück dauert
ungefähr zwanzig Minuten.
Auch wenn es im Schaffen
Wagners eine absolute Aus-
nahmerolle spielt, eignet
es sich gut dazu, einen Hör-
eindruck von seiner Musiksprache zu gewinnen. Obwohl
das Werk relativ kurz ist,
atmet es Weite. Wagner hat
später die Bezeichnung
»Sinfonie« ersetzt durch
den neuen Titel »Siegfried-
Idyll«. Denn eine Sinfonie
besteht aus mindestens
drei Sätzen. Vor allem aber
werden in einer Sinfonie
musikalische Themen gegen-
einandergestellt und ver-
arbeitet. Dadurch entstehen
Umschwünge, quasi dra-
matische Entwicklungen. Aber
der große Dramatiker
Wagner will hier von Drama
gar nichts wissen.

pp

»Idyll« bezeichnet ein Bild der Natur, das schön und friedlich ist. Hier erleben wir keinen schnellen Glücksmoment, sondern anhaltende Zufriedenheit. So mag Wagner sein Familienleben mit den Kindern erlebt haben. Und weil er endlich einen Sohn hatte, verknüpfte er seine Hoffnungen in ihn mit den musikalischen Motiven des Werkes »Siegfried«, nach dem der Sohn benannt wurde. Das Stück beginnt mit einer Melodie, die immer wiederkehrt und von Wagner auch im dritten Teil des »Rings«, dem »Siegfried«, benutzt wird.

Weitere Motive wie das des Waldvogels folgen. Hier und da verdichtet sich die Musik, indem immer mehr Instrumente gleichzeitig spielen, lauter werden, sich zu höheren Tönen aufschwingen – aber das Tempo beschleunigt sich kaum. Immer wieder kommt es zu Ruhepausen. Der Zuhörer kann mit der Musik den eigenen Atem vertiefen und vielleicht am Ende wie das Baby, das Siegfried noch ist, einschlafen.

Weg nach Bayreuth

Der ungeduldige König Ludwig II. hat aus Übereifer in München den halben »Ring« bereits aufführen lassen – gegen den Willen Wagners und ohne dessen Beteiligung. Jeweils drei Vorstellungen des »Rheingolds« und der »Walküre« sind im Juli 1870 zu sehen und werden vom Publikum positiv aufgenommen. Unter den Zuschauern sitzen auch Franz Liszt, Bedřich Smetana und einige französische Wagnerianer.

Einige Tage später folgt die Kriegserklärung Frankreichs an Preußen. Es geht gegen den vermeintlichen deutschen Erbfeind, und die deutschen Einzelstaaten unterstützen die preußische Armee auf ihrem Feldzug. Das französische Heer kapituliert nach kurzer Zeit. Wie vom preußischen Ministerpräsidenten Otto von Bismarck erhofft, treten jetzt die deutschen Kleinstaaten zusammen und bilden 1871 den lange ersehnten deutschen Nationalstaat. Auch Ludwig II. unterschreibt die Aufforderung an den preußischen König Wilhelm I., sich zum deutschen Kaiser ausrufen zu lassen.

Wagner lässt seiner Schadenfreude über die französische Niederlage freien Lauf. Er entwirft eine Komödie »Die Kapitulation« und komponiert einen »Kaisermarsch«. Seine Hoffnungen scheinen sich zu erfüllen: Es entsteht ein vereintes deutsches Reich, und er liefert die Kunst dazu. Dass das Kaiserreich nur wenig Ähnlichkeit mit dem demokratischen Nationalstaat hat, für den er als Revolutionär gestritten hat, nimmt Wagner nicht wahr. Seit er sich selbst zum Haupt einer Wagner-Religion gemacht hat und sich vom bayerischen Märchenkönig aushalten lässt, ist er in dem Glauben gefangen, seine persönlichen Interessen seien mit denen der Allgemeinheit deckungsgleich.

Wagners Gedanken kreisen wieder um ein eigenes Festspielhaus. Bis 1868 hatte der berühmte Dresdner Architekt Semper mit Ludwig II. und Wagner über die Pläne eines Festtheaters in München diskutiert. Schließlich wurde das Projekt aufgegeben, und Ludwig II. verlegte seine Bautätigkeit von da an auf Burgen und Schlösser. Richard überlegt: Das Haus muss auf bayerischem Boden stehen, damit ihm die königliche Rückendeckung Ludwigs II. sicher ist. In einem Lexikon stößt Richard auf das Markgräfliche Opernhaus Bayreuth. Im Frühjahr 1871 trägt er Ludwig seinen Festspielgedanken als deutsches Nationalunternehmen vor. Ludwig reagiert gespalten. Während er in einem kurzen Brief an den Musiker tönt: »Gottvoll ist Ihr Plan«, gesteht er seinem Hofsekretär nüchtern: »Der Wagner'sche Plan missfällt mir gänzlich.«

Richard reist mit Cosima ins fränkische Bayreuth, um Stadt und Theater in Augenschein zu nehmen. Das Theater ist viel zu klein, aber der Ort behagt ihm: ein verschlafenes Nest, in dem lediglich die Markgräfin Wilhelmine im 18. Jahrhundert ihre baulichen Spuren hinterlassen hat. Badegäste sind auch nicht zu befürchten, da weder Fluss noch See noch Heilquellen vorhanden sind. Dafür gibt es gutes Bier. Richard Wagners Theater soll die Hauptattraktion werden.

Beim Stadtrat rennt er offene Türen ein: Die Gemeinde schenkt dem Wagner'schen Unternehmen ein Grundstück, den sogenannten Grünen Hügel. An Wagners neunundfünfzigstem Geburtstag, dem 22. Mai 1872, wird bei strömendem Regen feierlich der Grundstein für das Festspielhaus gelegt. Es soll ein denkbar schlichtes Bauwerk werden.

Opern wurden zunächst in Schlössern und Hoftheatern aufgeführt. Bis weit ins 19. Jahrhundert geht es der adligen und wohlhabenden bürgerlichen Theatergesellschaft ums Sehen und Gesehenwerden. Gäste und Saal sind deshalb aufs Feinste herausgeputzt. Samtvorhänge, Kronleuchter und goldene Verzierungen schmücken den Zuschauerraum. Die Gesellschaftsschichten sind durch ihre festen Plätze in Parkett, Rängen und Logen voneinander getrennt.

Das alles missfällt Wagner. Auch wenn er Samt und Seide liebt, im Theaterraum lenken sie nur unnötig von der Kunst ab. Sehr früh in seiner Theaterlaufbahn hat er einen Raum gesehen, der ihm gut gefiel: die »Theaterscheune« in Riga. Wie in einem antiken Amphitheater stiegen die Zuschauerreihen dort gleichmäßig nach oben an. Die Theatergesellschaft war nicht mehr durch Ränge und Logen voneinander getrennt, sondern saß gemeinsam im Dunkeln. Davor hatte man in den meisten Theatersälen das Kerzenlicht auch während der Vorstellung brennen lassen.

Jeder Saal ist zugleich ein Resonanzraum und besitzt seine eigenen akustischen Eigenschaften. Das heißt, in jedem Raum werden die Schallwellen unterschiedlich an den Wänden gebrochen und zurückgeworfen. Dieser Effekt lässt sich ganz leicht nachvollziehen, wenn man nach dem Singen unter der Dusche einmal in den eigenen Kleiderschrank hineinruft.

In Riga war der Orchestergraben zwischen Zuschauerraum und Bühne geschlossen. Der Klang aller Instrumente vermischte sich dadurch unter dem Deckel und stieg als Gesamtklang zu den

Richtfest des Bayreuther Festspielhauses 1873

Zuschauern auf. Ein weiterer Vorteil lag darin, dass die Stimmen der Sänger von der Bühne müheloser über das Orchester hinwegtrugen. Genau das ist auch in Bayreuth verwirklicht. Ohne den trennenden Orchestergraben und mit dem abgedunkelten Saal wird der Zuschauer von der Illusion auf der Bühne ohne andere Ablenkung in Bann gezogen. Das Gebäude verzichtet auf jeden Schmuck und Komfort. Der Festspielgast sitzt auch noch Anfang des 21. Jahrhunderts auf schmalen Klappstuhlreihen aus Holz.

Bis zur Eröffnung des neuen Festspielhauses in Bayreuth 1876 ist das Ehepaar Wagner ständig auf Achse: Zunächst wird herumgereist, um Geld zu sammeln. Dann wird herumgereist, um geeignete Künstler zu gewinnen. Und dazwischen ist Richard unterwegs, um Konzerte und seine eigenen Opern zu dirigieren – das Geld fließt in den Bau des Theaters und der Festspiele. Schon im Sommer 1871 ist in Mannheim der erste »Richard-Wagner-Verein« gegründet worden. Ihm folgen zahlreiche weitere Ortsvereine.

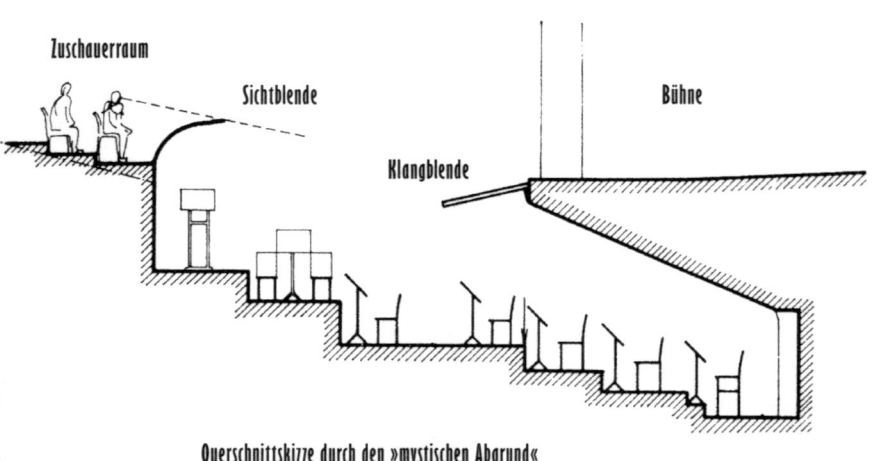

Querschnittskizze durch den »mystischen Abgrund«

Richard Wagner hatte die Festspiele für den Sommer 1873 angekündigt. Zweimal muss er den Termin verschieben, weil das Geld noch immer nicht reicht. Er ist von der Knauserigkeit des Adels enttäuscht. Sein Freund Ludwig II. schenkt ihm zwar 25 000 Taler, das entspräche heute über einer halben Million Euro, sie sind aber ausdrücklich für den Bau der Privatvilla »Wahnfried« gedacht. Erst unter Richards Androhung, das gesamte Festspiel-Unternehmen werde scheitern, gewährt der König die erforderlichen Bürgschaften.

Abgesehen von fehlenden Geldern, fehlt auch noch der vierte und letzte Teil des »Rings«: die »Götterdämmerung«. Diesen Teil beendet Wagner im November 1874.

»Ring«-
Schmiede

Die Wagner-Kinder
Siegfried, Eva, Isolde,
Blandine und Daniela
(im Uhrzeigersinn)

Im Frühjahr 1874 ziehen die Wagners in die neue Villa Wahnfried am Bayreuther Hofgarten ein. Die Kinder bekommen das schönste Zimmer im ersten Stock mit Balkon und Blick auf den Park. Doch nicht nur die Eltern und das zahlreiche Personal finden Platz: »Wahnfried« wird zur Schaltzentrale der Festspiele. In der »Nibelungenkanzlei« sitzt eine wechselnde Belegschaft überwiegend junger Musiker: Pianisten, Komponisten, Musikwissenschaftler und Dirigenten. Sie schreiben aus Wagners Partitur Stimmen für die einzelnen Orchestermusiker ab und fertigen Klavierauszüge für die Sänger an. Unter ihnen befindet sich ein junger Mann, der einmal die Märchenoper »Hänsel und Gretel« schreiben wird: Engelbert Humperdinck. Vorsingen und Proben finden im ebenerdigen Salon statt. Dort wird gearbeitet, aber auch oft mit Musik und gutem Essen gefeiert.

Zu den musikalischen Proben kommen noch die Vorbereitungen der Kulissen, Kostüme und der Bühnentechnik hinzu. Bis weit in das 20. Jahrhundert werden Bühnenbilder wie naturalistische Bilder gemalt, die dann gestaffelt auf mehrere seitliche Stoffbahnen, die Kulissen, und einen Bühnenhintergrund übertragen werden. Die Sänger stehen meist recht unbeweglich vorne an der Rampe mit günstigem Blick auf den Dirigenten. Dass sich

Säger in ihrer Bühnenrolle bewegen, teilweise in extremen Positionen wie auf dem Rücken liegend oder aus schwindelerregenden Höhen singen, ermöglichen erst die moderne Gesangs- und Bühnentechnik und das Regietheater. Richard Wagner und seine Mitarbeiter sind ihre Wegbereiter. Der Maschinist Karl Brandt erfindet sogenannte Schwimmtürme, auf denen die Sängerinnen der drei Rheintöchter festgeschnallt und über die Bühne geschoben werden. Im Sinne seines Musikdramas hält Richard Wagner die schauspielerische Darstellung für genauso wichtig wie die musikalische Darbietung. Er wünscht sich eine Oper, die auch gutes Theater ist. Die mittelalterlichen Kostüme und Rauschebärte, die auf allen historischen Fotografien der Wagner-Opern zu sehen sind, missfallen ihm eigentlich. Er hätte die Personen seiner Musikdramen lieber in zeitgenössischer oder zeitloser Kleidung gesehen.

Als Wotan kostümierter Sänger der Uraufführung 1876

Am 13. August 1876 ist es schließlich so weit: Die Bayreuther Festspiele werden eröffnet. Adlige, Industrielle, Künstler, Wissenschaftler und Freunde wollen dabei sein. Richard zählt sich seine Gäste selbst später stolz auf – es ist der Höhepunkt seiner Laufbahn, er hat die Anerkennung gefunden, die ihm aus seiner Sicht gebührt. Nur Ludwig II. hat keine Lust, dem deutschen Kaiser Wilhelm I. zu begegnen. Er begnügt sich mit der Generalprobe. Richard, der alles und jeden kontrollieren will, aber auch um die Liebe jedes einzelnen Mitwirkenden fleht, schickt noch kurz vorher eine »Letzte Bitte« an die Sänger: »Deutlichkeit! Nie dem

Illusionsmaschine Bayreuth: Schwimmprobe für die Rheintöchter

Publikum etwas sagen, sondern immer dem Anderen; in Selbst-
gesprächen nach unten oder nach oben blickend, nie geradeaus.
Letzter Wunsch: Bleibt mir gut, Ihr Lieben!«

»Der Ring des Nibelungen«

Über ein Vierteljahrhundert hat Richard Wagner an seinem Hauptwerk gearbeitet: von 1848 bis 1874, mit einer fast zwölfjährigen Unterbrechung zwischen 1857 und 1869. »Der Ring« umfasst vier in sich abgeschlossene, abendfüllende musikdramatische Werke, das kürzere »Rheingold«, »Die Walküre«, »Siegfried« und »Götterdämmerung«. Die erforderlichen Pausen zwischen den Aufzügen nicht mitgerechnet, hat Wagner über vierzehn Stunden Musik für ein Riesenorchester sowie für Sänger und Sängerinnen in vierunddreißig verschiedenen Rollen geschrieben.

I. »Das Rheingold« schildert das Ausgangsverbrechen: Der Nibelung Alberich raubt das Gold, das die Rheintöchter bewachen. Es gelingt ihm, daraus einen Ring zu schmieden, der dem Träger unendliche Macht verleiht. Der Preis: Verzicht auf Liebe. Gott Wotan raubt den Schatz, angeblich, um ihn den Rheintöchtern zurückzugeben, tatsächlich aber, um seine Burg Walhall zu bezahlen. Alberich verflucht den Ring: Kein Besitzer soll an der gewonnenen Macht glücklich werden.

II. »Die Walküre«. Die Fortsetzung beschäftigt sich mit familiären Haupt- und Nebenlinien der germanischen Götter: Wotan opfert seine Zwillingskinder Siegmund und Sieglinde. Er verstößt seine Lieblingstochter, die Walküre Brünnhilde, weil sie ungehorsam ist. Er nimmt ihr die göttliche Macht und versenkt sie in tiefen Schlaf. Nur ein Held kann sie

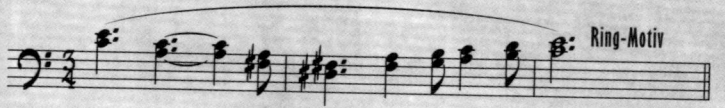

Ring-Motiv

aufwecken. Wotan sieht sich in der Hoffnung getäuscht, ein Held könne ihn und die Welt von der Gier nach Gold erlösen. III. »Siegfried«. Siegfried, der furchtlose Held und Enkelsohn Wotans ist alt genug, um den Nibelungenschatz zu erkämpfen. Er weiß vom Fluch des Schatzes nichts, findet den Weg zu Brünnhilde, weckt sie und entdeckt die Liebe. IV. »Götterdämmerung«. Siegfried hat Brünnhilde den Ring des Nibelungen als Liebespfand übergeben. Siegfried wird von Alberichs Verwandtschaft überlistet und hinterrücks ermordet. Brünnhilde schleudert den Ring in die Tiefen des Rheines, während Götter und Helden im Feuer untergehen.

Wagner hat mit dem »Ring« einen Mythos geschaffen, der in der Katastrophe endet. »Das Unvergleichliche des Mythos ist, dass er jederzeit

wahr und sein Inhalt für alle Zeiten unerschöpflich ist«, hat er schon in seiner Schrift »Oper und Drama« festgehalten. Egal, in welchem Kulturkreis der Mythos angesiedelt ist, ob im antiken Griechenland oder in nordischer vorgeschichtlicher Zeit, egal, ob Götter, Mischwesen wie die Rheintöchter oder Zwerge auftreten: Es geht immer um die Menschen. Götter verhalten sich wie korrupte Politiker. Verträge werden gebrochen. Die Natur wird ausgebeutet. Als Helden sehnlichst erwartete Männer benehmen sich wie die übelsten Tunichtgute. Verrat, Mord und Totschlag sind an der Tagesordnung. Die Liebe hat keine Chance.

Am Ende wird die Leiche des Helden Siegfried auf dem Scheiterhaufen verbrannt, Brünnhilde lässt die Flammen bis zu den Göttern hochschlagen, die »Dämmerung«

bedeutet den Untergang der Herrschenden. Das Werk endet mit einem langen Musikstück, das durchaus hoffnungsfroh stimmt, obwohl die Bühne erst in Flammen aufgegangen ist und dann von den Fluten des Rheines überschwemmt wird. Der Aufstieg derjenigen, welche »unten« sind, ist damit aber noch lange nicht vorgezeichnet. Wagner zeigt kein Wunschbild. Wie viele Kunstwerke hat sein Welttheater keine bessere Lösung zu bieten. Er begnügt sich damit, den Menschen einen Spiegel vorzuhalten. Am Schluss steht die traurige Erkenntnis, dass Machtwillen und Liebe einander ausschließen und dass bis in unsere Gegenwart die Machtgier in den Menschen stärker ist als die Liebe.

Wagner stellt an alle Teile seines Gesamtkunstwerks unerhörte Anforderungen. Nicht nur seine Partitur hat überdimensionale Ausmaße angenommen, auch seine Regieanweisungen entwerfen ein gigantisches Fantasy-Spektakel, das Licht-designer, Maschinisten und Feuerwerkstechniker an die Grenzen treibt:

Ende »Götterdämmerung« »(Durch die Wolkenschicht, welche sich am Horizont gelagert, bricht ein rötlicher Glutschein mit wachsender Helligkeit aus. Von dieser Helligkeit beleuchtet, sieht man die drei Rheintöchter auf den ruhigeren Wellen des allmählich wieder in sein Bett zurückgetretenen Rheines, lustig mit dem Ringe spielend, im Reigen schwimmen. Aus den Trümmern der zusammengestürzten Halle sehen die Männer und Frauen in höchster Ergriffenheit dem wachsenden Feuerschein am Himmel zu. Als dieser endlich in lichtester Helligkeit leuchtet, erblickt man darin den Saal Walhalls, in welchem die Götter und Helden versammelt sitzen. Helle Flammen scheinen in dem Saal der Götter aufzuschlagen. Als die Götter von den Flammen gänzlich verhüllt sind, fällt der Vorhang.)«

Letzte Liebe, letztes Werk

Nach den ersten Festspielen in Bayreuth ist Richard vollkommen erschöpft. Die Kritiken feiern zwar die Musik, doch die bombastische Inszenierung mit ihren quietschenden Zaubermaschinen, Nebelschwaden und Feuersbrünsten wird heftig angegriffen. Richard ist ebenfalls voller Widerwillen: »Nächstes Jahr machen wir alles anders!« Das finanzielle Defizit beträgt umgerechnet über eine Million Euro.

Richard reist mit seinem Familienanhang nach Italien, wo er sich in den nächsten Jahren immer wieder aufhält. Die besten Mittel, Kummer zu vertreiben, sind Liebe und Arbeit. Zur Stimulierung verlängert er brieflich eine Affäre, die er mit der sehr viel jüngeren Französin Judith Gautier im Festspielsommer 1876 heimlich genossen hat. Sie hatte Richard Wagner seit 1869 mehrfach in Tribschen besucht, damals allerdings noch gemeinsam mit ihrem Ehemann, von dem sie inzwischen geschieden ist. Anfang 1878 stellt Richard den Briefverkehr nach anderthalb Jahren ein. Doch der Energieschub war groß genug, um das letzte Werk voranzutreiben. Den »Parzival«-Stoff hatte er schon vor seiner Flucht aus Sachsen im Sommerurlaub 1845 entdeckt. In diesem schwierigen Stück tauchen wie schon im »Lohengrin« Gralsritter auf. Auch sie geraten in einen Widerspruch zwischen Macht und Liebe und sehnen sich nach Erlösung. Wagners Hoffnungen werden erfüllt: Er findet nach den Strapazen der »Ring«-Großunternehmung in dem Bühnenbildner Paul von Joukovsky und dem Dirigenten Hermann Levi nochmals neue künstlerische Mitarbeiter. Die Uraufführung in Bayreuth am 26. Juli 1882 und fünfzehn weitere Vorstellungen werden zum Rundum-Erfolg.

Bühnenbildskizze von Paul von Joukovsky zu »Parsifal«

»Parsifal«

Der Gral ist der zentrale Gegenstand des Stückes. Dieses kleine Requisit ist ein Symbol, das für einen gewaltigen und schwer in Worte zu fassenden Zustand steht. Auch Wagner drückt sich davor: »Was ist der Gral?«, fragt Parsifal den Gralshüter Gurnemanz. Und der weicht ins Rätselhafte aus: »Das sagt sich nicht.« Vereinfacht könnte man sagen, der Gral, in dem angeblich das Blut Jesu Christi bei der Kreuzigung aufgefangen wurde, steht für den vollkommenen Durchblick. Und den haben nur wenige und meist nur für kurze Dauer.

Die Gralsburg ist kein Ort, der auf einer Karte eingezeichnet ist. Es ist unklar, was einen dorthin gelangen lässt. Parsifal verirrt sich auf Gralsgrund. Die Gralshüter glauben, in ihm ihren Retter gefunden zu haben: »Durch Mitleid wissend, der reine Tor.« Wie schon bei Schopenhauer ist das Mitleid oder eben die christliche Nächstenliebe ein höheres Gut als alles geistige Wissen. Der »reine Tor« ist ein unschuldiger, naiver Mensch. Parsifal ist wie Siegfried ein Held, der handelt ohne nachzudenken. Die Gralsritterschaft ist geschwächt. Denn ihr König Amfortas wurde von dem abtrünnigen Gralsritter Klingsor mit dem Speer verwundet. Der Speer ist eine ähnlich kostbare Reliquie wie der Gral: Mit ihm soll Jesus die Wunde in die Seite geschlagen worden sein. Amfortas' Verletzung kann nur durch erneute Berührung mit dem Speer geheilt werden. Schon viele Ritter haben sich zu Klingsor aufgemacht, um an den Speer zu gelangen. Aber sie wurden gefangen genommen oder besser gesagt: besiegt. Denn Klingsor hat etwas zu bieten, das man in der Gralsburg nicht bekommt: körperliche Liebe.

Parsifal gelangt zufällig in Klingsors Garten, nachdem ihn die Gralsritter weggejagt haben. Er zeigte sich von dem enthüllten Gral völlig unbeeindruckt. In Klingsors Garten

Gralsmotiv

reagiert er auf die Verführungs-
künste der Blumenmädchen
wie ein Kind. Ein erster Kuss
erinnert ihn an seine Mutter.
Diesen Kuss gibt ihm Kundry.
Sie wandert als Einzige
zwischen Gralsburg und
Klingsors Zaubergarten hin
und her. Parsifal ist ein
Waisenkind: Seinen Vater kennt
er nicht (wie Wagner selbst),
seine Mutter starb bei seiner
Geburt. Schlagartig erkennt er
jetzt, dass er ungewollt den
Tod seiner Mutter verschuldet
hat. Er versteht, wie eng Liebe
und Tod miteinander verbunden
sein können. So widersteht
er Kundry und begreift seine
Aufgabe: Er muss an den
Speer gelangen. Klingsor will
den Eindringling töten, doch er
verliert dabei die kostbare
Waffe: Parsifal fängt den Speer.
Er bringt ihn zurück zum
Gral – doch das dauert Jahre.
Die zeitlichen Ausmaße werden
auch in der Oper erahnbar,
denn der dritte Aufzug dauert
fünf Viertelstunden. Mit
dem gewonnenen Bewusstsein,
dass es im Leben mehr als
alles Fühl-, Denk- und Besitz-
bare geben muss, beginnt
überhaupt erst die Suche nach
dem Sinn des Lebens. An
einem Karfreitag schließlich
findet sich Parsifal auf Gralsgrund wieder (deshalb wird
das ungefähr fünfstündige Werk
gerne karfreitags vor Ostern
im Radio gesendet). Parsifal
heilt Amfortas und übernimmt
dessen Amt.
An sich ist die Idee zu diesem
»Bühnenweihfestspiel«
schön: Nur ein unschuldiger,
naiver Mensch kann die
verfeindeten Lager erlösen.
Die haben sich nämlich
aufgespalten in Geist und
Gefühl. Die einen sind die
Gralsritter in der Gralsburg,
die anderen sind Klingsor
und seine neckischen Blumenmädchen im Zaubergarten.
Wagners letztes Werk ist jedoch
stark überfrachtet: Wie in
einem Vexierbild erscheint es
einem für Augenblicke ganz
einfach und logisch. Und dann
wieder erschlägt es einen mit
seinem Wust an Religion,
Mythologie, Psychologie und
nicht enden wollender Musik.
Ein Alterswerk für Ältere.

Finale
Erlösung

Venedig, 13. Februar 1883. Immer wieder schweifen Richards Gedanken ab. Wenn er den Kopf zum Fenster dreht, blickt er auf den Canal Grande. Die Nachmittagssonne lässt ihr Licht als goldene Flecken auf dem Wasser tanzen. Versunken blickt er auf die kleinen Wellen.

Richard sitzt an seinem Schreibtisch im Palazzo Vendramin. Seit September 1882 wohnt die Wagner-Familie in Venedig. Schwere Herzattacken plagen den knapp Siebzigjährigen.

Auf einmal kommt ihm die Klage der Rheintöchter in den Sinn. Er hört sie rufen: »Richard! Richard!« Und Richard lässt sie weiter singen: »Traulich und treu ist's nur in der Tiefe: Falsch und feig ist, was oben sich freut!«

»Stimmt«, sagt er laut zu sich selbst. »Hab ich schon damals gewusst. Zu den Reichen schaut man zwar auf, neidvoll oder rebellisch, weil man's genauso bequem haben will wie die. Ging mir genauso. Aber ehrliche Liebe und Macht schließen einander aus.«

Ihm ist, als tauchten zwischen den Wellen für einen Moment die Köpfe der Wasserfrauen auf. »Ich bin Euch gut, Euch Wesen der Tiefe, Euch sehnsüchtigen!«, flüstert er durchs Fenster.

Richard legt sich auf das Sofa. Seine Augen sind ihm feucht geworden. Plötzlich spürt er sein Herz so schmerzhaft wie nie. Gegen halb vier Uhr nachmittags stirbt er.

Richard Wagner ist nicht auf einem Friedhof beerdigt. Sein Grab liegt in Bayreuth im Garten der Villa Wahnfried.

Palazzo Vendramin

Wer war Richard Wagner?

Das umstrittene Genie. »Die einzigen, die Richard Wagner gefördert haben, das waren zwei Irre: König Ludwig und Hitler«, zitiert der Enkel Wolfgang Wagner seinen Bruder Wieland. Dass das nicht ganz stimmt, wissen wir: Ohne geduldige, viele Opfer bringende Musiker wie Franz Liszt oder Hans von Bülow, ohne seine Ehefrauen Minna und Cosima, die ihr eigenes Leben dem Erfolg Richard Wagners unterwarfen, und viele andere Persönlichkeiten wäre er untergegangen. Diese Vertrauten erlebten die Zwiespältigkeit seines Wesens, sie erkannten seine genialen Fähigkeiten und seine widerwärtigen Eigenheiten wie zwei Seiten einer Medaille – und sie blieben ihm treu.

Richard Wagners Person und Werk waren immer heftig umstritten. Nach dem Motto: »Viel Feind', viel Ehr'« sammelte der Zeitgenosse Wilhelm Tappert negative Urteile über den »Meister«. Er glaubte, der Spott der Kritiker fiele vollständig auf diese zurück. Sein »Wörterbuch der Unhöflichkeit« zählt zum Beispiel die Namen der Anhänger Wagners auf: »Dumme und grüne Jungen, Irrlichter, Narren, Trottel, Nachblöker, dumme, dicke, phantasielose Köpfe, Schwachköpfe, Schweifwedler, Maulaufreißer, Schreier, Phrasendrescher.« Auch Mark Twain, der Autor des »Tom Sawyer« und für seine scharfe Zunge berühmt, konnte sich mit Wagners Opern nicht anfreunden. Nachdem er 1891 Bayreuth besucht hatte, hielt er in dem Text »Am Schrein von Sankt Wagner« seine Eindrücke fest: »Es erscheint mir, dass für einen Uneingeweihten und Ungebildeten nichts eine Wagner-Oper vollkommener machen würde, als den Gesang auszulassen. Ich wollte, ich könnte eine Wagner-Oper einmal als Pantomime sehen. Dann könnte man ungestört der lieblichen Orchestrierung zuhören und seinen Geist darin baden ... Gesang! Es scheint der falsche Name dafür zu sein. Streng gesagt besteht er hier hauptsächlich aus einer Übung schwieriger, unangenehmer Intervalle.«

»Der Ring des Nibelungen« lädt bis heute zur Parodie ein, das heißt zur übertriebenen, belustigenden Nachahmung. Das Werk ist so gigantisch, dass ihm mit Humor am leichtesten beizukommen ist. Jahr für Jahr spielt eine kleine Privatbühne in Bayreuth eine Theaterfassung eines Wagner-Werks. Loriots »Ring an einem Abend« ist gleichermaßen unterhaltsam wie aufschlussreich. Die Live-Hörspiele des Berliner Schaupielers Stefan Kaminski über den gesamten »Ring« besitzen Kult-Status. Zahlreiche Künstler würden sich diese Mühe nicht machen, wenn sie nicht die Eigenheiten des Stoffes, der Musik und des Textes entschädigen würden. Damals wie heute bezieht sich die Kritik der Wagner'schen Bühnenwerke auf ihre Länge, die mangelnde Action in den Szenen, die ungewöhnliche Sprache und die schwer eingängige Melodik des Gesangs sowie die penetrante Wiederkehr der Leitmotive.

Vorbild und Kontrahent. Niemand, der sich für Musik interessiert, kann so tun, als gäbe es Wagner nicht. Bayreuth zieht damals wie heute die europäische Musikwelt an und übt seinen Einfluss auf sie aus. Außer Franz Liszt, der nach einem Jugendwerk keine weiteren Opern mehr geschrieben hat, sind noch viele andere Komponisten gekommen und haben den Begriff »Oper« gemieden: Edward Grieg schreibt statt einer Oper die Suiten zum Theaterstück »Peer Gynt« und Claude Debussy bezeichnet sein Bühnenwerk »Pelléas und Mélisande« als »Lyrisches Drama«. Nur Peter Tschaikowsky, der 1876 das Ballett »Schwanensee« komponiert, schreibt auch weiterhin Opern.

Es ist schwierig, Wagner etwas entgegenzusetzen. Zu seinen Lebzeiten ist es vor allem Giuseppe Verdi, der einen ähnlichen Rang bekleidet wie Wagner. Verdi ist nicht nur gleichaltrig, sondern wie Wagner in erster Linie Opernkomponist. Er schwärmt gleichfalls für die großen Dramen Shakespeares. Dessen historische Stücke »Macbeth« und »Otello« sowie die Werke »Heinrich II.« und »Die lustigen Weiber von Windsor«, in denen der dicke Ritter Falstaff auftritt, lässt er in Operntexte umarbeiten. Im Gegensatz zu Wagner knüpft Verdi jedoch an die italienische Operntradition des »bel canto«, des schönen Gesangs an. Mühsam und mit vielen Verhandlungen mit Sängern und Operndirektoren verdichtet er die Nummernoper zu dramatischen Szenen. In Verdis musikalischen Dramen geraten politische Kämpfe mit privaten Leidenschaften in Konflikt. Zwischen Verdis historischen Stoffen ragt eine zeitgenössische Romanvorlage hervor: »La Traviata« (1853) stützt sich auf den nur wenige Jahre zuvor erschienenen Roman »Die Kameliendame« von Alexandre Dumas. Die Musik zu dieser Geschichte einer schwindsüchtigen Edelprostituierten im großbürgerlichen Paris klingt einerseits bemerkenswert schön. Sie zeigt andererseits erstaunlich wirklichkeitsgetreu die problematischen gesellschaftlichen Zustände ihrer Zeit, die dargestellten menschlichen Beziehungen haben sich bis heute nur wenig geändert.

Komponisten wie der Italiener Puccini (»La Bohème«) und der Tscheche Janáček (»Jenufa«) verfolgen diesen realistischen Ansatz weiter: Sie suchen sich Geschichten aus der Wirklichkeit. In ihren Szenen finden dramatische Dialoge statt, die der Sprechweise ganz normaler Menschen sehr nahe kommen. Nachdem Wagners Versmelodie den gesungenen Text von Reimschema und regelmäßigem Metrum, also dem Muster an betonten und unbetonten Silben, befreit hat, gelangen moderne Schauspieltexte in die Oper. Während Wagners Mythen überzeitlich sind und eher in unbestimmter Vergangenheit das allgemein Menschliche besingen, bekommen die realistischen Opern ein Problem: Wieso singen die Menschen auf der Opernbühne, wenn sich ihr Schicksal von dem der im Alltag sprechenden Zuschauer nicht mehr unterscheidet?

Musikliebhaber werden in der zweiten Hälfte des 19. Jahrhunderts in Wagnerfans und -feinde eingeteilt. Die Frage lautet: »Lieben Sie Wagner oder lieben Sie Brahms?« Der Komponist

Johannes Brahms gerät in eine Gegenposition zu Liszt und Wagner. Er komponiert in den klassischen Formen der Instrumentalmusik weiterhin »absolute Musik«. Mit diesem Begriff bezeichnet Wagner die Musik, die unabhängig von der menschlichen Lebenswelt ganz nach den Gesetzen der Musik komponiert wird. Andere Komponisten, die sich nicht scheuen, nach Beethoven noch Sinfonien zu schreiben, wie Anton Bruckner und Gustav Mahler, profitieren von Wagners neuartiger Orchesterinstrumentation. Im Ausmaß ihrer Sinfonien sind sie ähnlich ausufernd, wie Wagner es mit seinen Musikdramen vorgemacht hat. Richard Strauss beginnt seine Komponistenkarriere mit sinfonischen Dichtungen, zum Beispiel »Till Eulenspiegels lustige Streiche«. In seinen Opern zu Beginn des 20. Jahrhunderts (»Salome«, »Elektra«) irrlichtern Dissonanzen zart umher oder ballen sich zu fürchterlichen Drohungen zusammen. Die dissonanten Akkorde werden nicht mehr unbedingt aufgelöst, aber sie ziehen ihre Energie aus der Spannung zu den Konsonanzen der Tonalität.

Wagner wagte sich mit seinen Dissonanzen so weit von der Tonalität weg wie kein anderer viel gespielter Komponist seiner Zeit. Die Richtung hin zur Atonalität symbolisiert der mehrdeutige Tristan-Akkord. Später ist es dann ein Autodidakt wie Richard Wagner, der den Schritt zur Atonalität vollendet: Arnold Schönberg. In seiner Harmonielehre, die 1911 erscheint, erklärt Schönberg die Gesetze der Tonalität, um zu zeigen, dass sie ausgedient haben. Denn anstatt sich weiter fortzuentwickeln, sind die Regeln irgendwann stehen geblieben. Ihre Wirkung ist abgenutzt. Schönberg erfindet wenig später ein Reihensystem, das die zwölf Halbtöne einer Oktave immer wieder neu zueinander ordnet. In der Zwölftontechnik sind alle Töne gleichgestellt. Es gibt keine Stufenhierarchie (zum Beispiel wie in einer Kadenz I Tonika – IV Subdominante – V Dominante – I Tonika) und kein tonales Zentrum mehr. Anders gesagt: Konsonanzen sind nicht »schöner« als Dissonanzen. Auch wenn unsere Ohren immer noch Dissonanzen als solche erkennen, gehört es immer selbstverständlicher zu unserer Wahrnehmung moderner Kunst, dass sie Spannungen erzeugt, ohne sie harmonisch auflösen zu müssen. Schönberg hat sich nach dem Zweiten Weltkrieg von seinem Reihensystem wieder gelöst. Aber es bot theoretisch einen erschütternd einfachen Weg, erfolgreich dem Sog der Tonalität zu entkommen.

Hitlers Lieblingskomponist. Bei der Gründung der Bayreuther Festspiele versammeln sich dort politische Stimmungsmacher. Wagner gründet 1878 die Zeitschrift »Bayreuther Blätter«, die der »Verständigung über die Möglichkeiten einer deutschen Kultur« dienen sollen. Der Herausgeber Hans von Wolzogen beklagt die »Verwahrlosung und Verderbnis der echten Kultur«. Dagegen würden die Bayreuther nach dem »Echten, Edlen und Ernsten, dem wahrhaft deutschen Geiste« streben. Was sich hinter diesen Begriffen jeweils verbirgt, wird nicht genauer benannt. Während wir heute Wagners Musikdramen vor allem als Auseinandersetzung mit dem allgemein menschlichen Fehlverhalten verstehen, verkehrt sich damals die Deutung zunehmend in das Gegenteil: Wagners Werk wird gefeiert als Wiederherstellung eines gesunden, ursprünglichen Zustands. Die Ideologie des Bay-

Szenenbild aus »Rienzi« an der Deutschen Oper, Berlin 2010

reuther Gedankens ist schwer nachvollziehbar. Vor allem, weil die Ausrufung des Besseren verbunden wird mit dem deutschnationalen Stolz und dem rassistischen Gedanken vom überlegenen Wesen des germanischen Menschen. Dessen Idealbild finden die Nazis einige Jahrzehnte später in dem blonden, blauäugigen Siegfried. Sein Schöpfer Richard Wagner wird zum erklärten Lieblingskomponisten Adolf Hitlers.

Der deutsche Reichskanzler und Diktator, der als »Führer« die maßlosen Verbrechen des Dritten Reiches verantwortete, verehrte Richard Wagner. Mit zwölf sah er das erste Mal »Lohengrin«. Als Siebzehnjähriger besuchte er eine Aufführung von »Rienzi«, von der er später behauptete, »in jener Stunde begann es«. »Es« meint, dass sich Hitler mit dem Volkstribun Rienzi identifizierte. Im Rückblick erklärt er dieses Kunsterlebnis zum Erweckungserlebnis.

Nach dem Schulabbruch versucht sich Adolf Hitler als Maler und Bühnenbildner. Er kann über Opern und Konzerte mitreden, was ihm während seines politischen Aufstiegs in den 1920er Jahren zugutekommt. Adolf Hitler wird 1923 von den extrem konservativen Nachkommen Richard Wagners in Bayreuth mit offenen Armen empfangen. Er vergleicht das Wagner'sche Bayreuth mit Gralsgebiet. Als er später an die Macht gelangt, lehnt er es ab, Kompositionen in Auftrag zu geben. Er versteht es vielmehr, auf bereits existierende Musikstücke Aufmärsche choreografieren zu lassen. So werden vor allem Wagners Werke zur Verherrlichung der nationalsozialistischen Ideologie missbraucht. Die »Rienzi«-Ouvertüre eröffnet die Nürnberger Reichsparteitage, »Siegfrieds Trauermarsch« erklingt zur Beerdigung des SS-Obergruppenführers Heydrich und Liszts Fanfare aus den »Préludes« dient als Erkennungsmelodie der Kriegsmeldungen im Rundfunk.

Hitler wusste um die emotionale Macht und die Verführungskraft der Musik: Wie der Geruchssinn wird Musik besonders wirksam und nachhaltig mit bestimmten Gefühlseindrücken verbunden. Ein Waschmittel kann uns lange an Zuhause erinnern, manche Musikstücke bleiben immer mit besonderen Ereignissen verknüpft. Diese müssen inhaltlich überhaupt nichts mit der Musik zu tun haben. Ein Musikstück, das jemand kurz vor einem Unfall hört, und sei es noch so fröhlich, wird ihn nie wieder zum Lachen bringen. Richard Wagner wurde von Hitler als Prophet bezeichnet. Wagner selbst glaubte von sich, genau und ausschließlich zu wissen, wie Kunst und Politik zu verändern seien. In ihrem maßlosen Anspruch und ihrer totalitären Überzeugung ähneln sich der Komponist und der Diktator. Hitler brauchte nicht Richard Wagners Schriften zu lesen, um seinen Antisemitismus zu begründen. Doch vor allem Wagners Judenfeindschaft hat dazu geführt, dass man ihn als einen Wegbereiter des Nationalsozialismus betrachtet. Seine Witwe Cosima, die bis 1930 in Bayreuth herrschte, und ihr Schwiegersohn Houston Stewart Chamberlain rückten Wagners Werk ausdrücklich in die deutschnationale, rassistische Linie. Sie empfingen Hitler wie ein Familienmitglied.

Nach dem Zweiten Weltkrieg beginnen Wagners Enkel, die Söhne Siegfried Wagners, die Hitler noch mit »Onkel Wolf« angeredet haben, die unrühmliche Vergangenheit abzustreifen. Der Regisseur Wieland Wagner entwickelt zu der Wiedereröffnung der Bayreuther Festspiele 1951 einen Inszenierungsstil, der mit der jahrzehntelang gepflegten Aufführungspraxis bricht. Im 19. Jahrhundert standen die Sänger noch inmitten der gemalten Bühnenbilder, waren in ihren Wallegewändern und Rüstungen nicht besonders beweglich und suchten den Blick des Dirigenten vor ihnen in der Mitte, weil sie vor allem mit ihrer musikalischen Partie beschäftigt waren. Das hatte schon Richard Wagner missfallen, der dem Zuschauer die Vorstellung geben wollte, die Bühnenfiguren seien »echte« Menschen oder Götter, keine Sänger in Rollen, die sich lieben, bekämpfen oder von Felsen stürzen. Auf Wieland Wagners Bühne stehen keine Kulissen mehr – die Spielfläche ist leergefegt. Elektrisches Scheinwerferlicht erschafft Räume, in denen sich die Darsteller nicht unbedingt realistisch bewegen, sondern eher wie im antiken Drama große, genau einstudierte zeichenhafte Gesten ausführen.

Richard-Wagner-Str.

11 - 1

Wagner heute. Seit den 1970er Jahren unterscheiden Musikwissenschaftler und Produktionsteams an Opernhäusern (Dirigenten, Regisseure, Dramaturgen und Ausstatter) in ihrer Auseinandersetzung mit Wagners Musikdramen sehr bewusst, was das Werk selbst (Text und Noten), was das Leben seines Schöpfers Richard Wagner und was Ideologie betrifft. Die über hundertjährige Wirkungsgeschichte wird ebenfalls berücksichtigt. Man kann längst rund um den Globus Wagner hören, ohne in Verdacht zu geraten, ein verkappter Nazi zu sein. Eine Ausnahme bildet Israel: Die Aufführung von Wagners Musik ist hier ein heikles politisches Ereignis, auch wenn jüdische Dirigenten wie Daniel Barenboim betonen, in erster Linie als Musiker zu handeln, wenn sie Wagners Musik in Israel spielen.

In Bayreuth wird der Heiligenschein Wagners jeden Sommer zum Leuchten gebracht. Dort wird bis heute an der Ausschließlichkeit Wagners festgehalten. Neben dem »Meister« duldet man an diesem Ort keine anderen Komponisten. Das ist einzigartig: Wo gibt es sonst ein Theater, das mit staatlichen Mitteln gefördert wird und das nur Stücke eines einzigen Autors aufführt? Oder ein Opernhaus, das nur einem einzigen Komponisten huldigt?

In seinen ersten Entwürfen stellte sich Richard Wagner das Festspielhaus als »Volkstheater« mit freiem Eintritt vor. Schon zu seinen Lebzeiten trat diese Idee in den Hintergrund und das »Volkstheater« geriet mehr und mehr zum Wagner-Tempel für Eingeweihte. Für eine beträchtliche Anzahl eingeladener prominenter Gäste sind die Vorstellungen bis heute tatsächlich kostenlos. Wer allerdings eine Karte auf »normalem« Wege kaufen will, zahlt nicht nur viel Geld, sondern muss mit einer Wartezeit von zehn Jahren rechnen.

Ein großes Netzwerk bilden die über hundertdreißig Richard-Wagner-Verbände, die über die ganze Welt verteilt sind: von Reykjavik bis Kapstadt, von Rio de Janeiro bis Peking. Während ihre weltweiten Mitglieder nach Bayreuth pilgern, finden Aufführungen von Wagners Werken auf der ganzen Welt statt.

Wer war Richard Wagner? Die siebzig Jahre des Lebens Richard Wagners liegen mitten im 19. Jahrhundert. Die vielen politischen, sozialen und kulturellen Veränderungen dieses Jahrhunderts hat er alle miterlebt und mitbewegt. Er hat die unterschiedlichsten Weltanschauungen aufgesogen, um seine eigene Kunstauffassung zur Vollendung zu bringen. Obwohl sein Charakter sehr widersprüchlich und sein Leben voller Abenteuer waren, obwohl er sich vom Revolutionär zum Schützling eines Königs wandelte: Seiner Ursprungsidee als Jugendlicher ist er hartnäckig treu geblieben: ein Musikdrama zu schaffen, in dem Musik und Drama gleichberechtigt sind.

Als wahrer Romantiker schöpfte Richard Wagner aus der tiefsten Vergangenheit, um Visionen für die Zukunft zu entwerfen. Zu Wagners Lebzeiten trugen seine Bühnenfiguren noch mittelalterliche Trachten, hundert Jahre nach seinem Tod sind sie auf vielen Bühnen unserer Opernhäuser in der von ihm herbeigesehnten Moderne angekommen. Sie bringen etwas Überzeitliches mit, sie sind dauerhaft aktuell.

Richard Wagner ist es gelungen, auf Beethovens sinfonisches Universum etwas Neues aufzubauen. Der Klangzauberer Wagner lässt über das Meer der Töne sein Textschiff segeln. Während die Worte Kurs auf unseren Verstand halten, branden die Wellen der Musik in unser Gefühl. Da die Ohren keinen Schließmechanismus haben, muss wegbleiben, wer sich scheut, von dieser musikalischen Droge zu kosten.

Und wie klingt seine Musik?

Zeit-
tafel

1813 22. Mai: Richard wird als neuntes Kind des Polizeischreibers Carl Friedrich Wilhelm Wagner in Leipzig geboren ___ 16.–19. Oktober: Völkerschlacht bei Leipzig; Niederlage Napoleons ___ 23. November: Tod des Vaters

1814 Richards Mutter heiratet den Maler und Schauspieler Ludwig Geyer und zieht mit den Kindern zu ihm nach Dresden

1815
16. Februar: Geburt der Halbschwester Cäcilie

1821 30. September: Tod Ludwig Geyers ___ Richard hört in Eisleben Melodien aus Webers »Freischütz«

1827
26. März: Tod Ludwig van Beethovens

1829 April: Richard hört in Leipzig, wie Wilhelmine Schröder-Devrient Beethovens »Fidelio« singt; Entschluss, Musiker zu werden ___ Autodidaktischer Unterricht; Unterricht bei Thomaskantor Weinlig

1833 Chordirektor in Würzburg

1834 Musikdirektor in Magdeburg

1836

29. **März:** Uraufführung »Das Liebesverbot« ___
24. **November:** Heirat mit der Schauspielerin Minna Planer

1837 Musikdirektor in Riga

1839

Juli bis September: abenteuerliche Reise nach Paris

1842 Rückkehr nach Dresden ___ 20. Oktober:
Uraufführung des »Rienzi«

1843 2. Januar: Uraufführung des »Fliegenden
Holländer«; ___ Ernennung zum Königlich Sächsischen
Hofkapellmeister

1845

19. **Oktober:** Uraufführung des »Tannhäuser« in Dresden

1849 Februar: Beginn der lebenslangen
Freundschaft mit Franz Liszt ___ **Mai:** Revolution in Dresden;
Flucht in die Schweiz; Beginn des Lebens im Exil

1850 28. August: Uraufführung des
»Lohengrin« in Weimar durch Franz Liszt

1853 Mai: Maikonzerte zum 40. Geburtstag Richard Wagners in Zürich

1857 Einzug in das »Asyl« auf dem Grundstück des Mäzens Otto Wesendonck und seiner Ehefrau, der Muse Mathilde

1858 Beginn der Wanderschaft; Trennung von Minna

1861 März: Skandal bei der »Tannhäuser«-Aufführung in Paris bringt Wagner den europäischen Durchbruch

1862 Aufhebung der Amnestie: Wagner darf wieder nach Sachsen reisen

1864 4. Mai: König Ludwig II. von Bayern ruft Wagner nach München ___ Beginn der intimen Beziehung zu Cosima, verheiratet mit dem Dirigenten Hans von Bülow

1865 10. April: Geburt der Tochter Isolde ___ 10. Juni: Uraufführung »Tristan und Isolde« in München ___ Dezember: Abreise aus Bayern

1866 25. Januar: Tod Minnas in Dresden ___ 15. April: Einzug in Tribschen am Vierwaldstätter See ___ Juni/Juli: Preußisch-Österreichischer Krieg

1867 17. Februar: Geburt der Tochter Eva

1868 21. Juni: Uraufführung der »Meistersinger von Nürnberg« in München ___ Bekanntschaft mit dem
Philosophen Friedrich Nietzsche

1869 6. Juni: Geburt des Sohnes Siegfried

1870 Scheidung Cosimas von Bülow und
Heirat mit Richard Wagner ___ Juni bis Mai 1871: Deutsch-
Französischer Krieg ___ 25. Dezember: Siegfried-Idyll
in Tribschen uraufgeführt

1871 18. Januar: Preußens König Wilhelm I. zum
Deutschen Kaiser ernannt ___ Bayreuth als Festspielort gewählt

1872 22. Mai: 59. Geburtstag Wagners und
Grundsteinlegung für das Festspielhaus in Bayreuth

1876 13.–17. August: Eröffnung der Bayreuther
Festspiele mit vollständiger Aufführung des »Ring des
Nibelungen«

1882

26. Juli: Uraufführung »Parsifal« in Bayreuth

1883

___ 13. Februar: Tod Richard Wagners in Venedig

Tipps
für einen guten
Beginn

Es ist schwierig, sich aufgrund einer bloßen Beschreibung Musik vorzustellen. Dagegen vermittelt ein kurzes Hörbeispiel einen viel konkreteren Eindruck. Wie eine Körperzelle unser ganzes Erbgut enthält, so verrät uns ein einziger klingender Takt sehr viel über den musikalischen Charakter eines Komponisten. Unter *www.magiedermusik.de* sind mehrere Hörbeispiele in mund- bzw. »ohrgerechten« Stücken versammelt.

Die Ouvertüren und Vorspiele geben einen Vorgeschmack auf die jeweils folgenden Klangwelten der Opern und Musikdramen. Auch Werke der von Wagner verehrten Komponisten wie Ludwig van Beethoven und Carl Maria von Weber, verachteten Komponisten wie Giacomo Meyerbeer und Felix Mendelssohn Bartholdy oder befreundeten wie Franz Liszt sind verlinkt. Mehrere Musikausschnitte aus Wagners Bühnenwerken setzen vielleicht das Kopfkino in Gang. Die Musikdramen sind erst dann vollständig, wenn das dramatische Geschehen dazu kommt. Das kann sich in der Fantasie jedes Zuhörers vollziehen. Am vollständigsten ist natürlich der Besuch einer Vorstellung in einem Opernhaus. Alle bieten ermäßigte Karten für Schüler und Studenten an. Es empfiehlt sich, mit den kürzeren Opernabenden anzufangen: »Der Fliegende Holländer«, »Lohengrin« und »Rheingold«. Wer die Lautstärke der Musik zu Hause beim Radio- oder CD-Hören selber regeln kann: Es lohnt sich, richtig aufzudrehen!

Weitere Links führen zu den Gedenkstätten bei Dresden, Luzern und Bayreuth. Diese Orte vermitteln nicht nur das Luxusbedürfnis Wagners. Sie helfen auch, die Wechselwirkungen zwischen seinem Leben und seinen Werken zu verstehen.

Von Buchempfehlungen habe ich abgesehen, weil die Auseinandersetzung mit Richard Wagner Bibliotheken füllt. Neben zahllosen Biografien für Erwachsene sind die Bücher entweder sehr umfangreich oder behandeln extrem detailliert Teilaspekte von Leben, Werk oder Wirkung. Die Initialzündung zum Schreiben meines Buches verdanke ich der Wagner-Biografie *Richard Wagner. Sein Leben, sein Werk, sein Jahrhundert* von Martin Gregor-Dellin (1980). Dieses achthundertseitige Schlüsselwerk wie auch Gregor-Dellins *Wagner-Chronik* waren meine ständigen Begleiter – neben Originaltexten, Programmheften und Fachbüchern.

Mit Musik verhält es sich ähnlich wie mit Menschen: Man muss mit ihnen Zeit verbringen, um sie näher kennenzulernen. Wenn man Freundschaft geschlossen hat, freut man sich auf ein Wiedersehen. Wenn man bereit ist, Wagners Musik anzuhören, wird man bei jeder »Wiederholung« etwas Neues und Anderes entdecken. Egal, ob einem Richard Wagners Musik gefällt oder nicht oder bloß Teile davon – sie ist es wert, sich eine eigene Meinung zu bilden.

Bild-
nachweis

17, 19, 53, 77, 90 (oben), 115, 119, 125, 136, 139, 140: Martin Gregor-Dellin, *Richard Wagner. Eine Biographie in Bildern*, München 1982, S. 17, 16, 51, 79, 44, 121, 121, 116, 178, 183, 182 ___ 18, 23, 31, 86, 49, 51, 52, 55, 74, 80, 93, 108, 125 (Mitte), 125 (rechts), 126, 128, 135, 137: Wikimedia Commons ___ 27, 29: H. C. Robbins Landon, *Beethoven. Sein Leben und seine Welt in zeitgenössischen Bildern und Texten*, Zürich 1970, Nr. 220, 190 ___ 61, 62: Helmut Friedel (Hg.), *Ideal und Natur. Aquarelle und Zeichnungen im Lenbachhaus 1780–1850*, München 1993, Tafel 20, 46 ___ 69: Anthony Wilkinson, *Liszt*, London 1975, S. 72 ___ 90 (unten): Iris Winkler ___ 40 (unten), 70: Marcel Prawy, *»Nun sei bedankt«. Mein Richard-Wagner-Buch*, München 1983, S. 186, 161 ___ 40 (oben), 43, 45, 66, 82, 101 (links), 101 (rechts), 109, 116, 145, 149: Herbert Barth, Dietrich Mack, Egon Voss, *Wagner. Sein Leben, sein Werk und seine Welt in zeitgenössischen Bildern und Texten*, Wien 1975, Abb. 64, 201, 52, 88, 84–87, 141, 142, 132, 203, 253, 258 ___ 59, 107: Udo Bermbach, *Auf Richard Wagners Spuren*, Hamburg 1995, Abb. 32, 24 ___ 82, 92: Esther Drusche, Richard Wagner, Leipzig 1987, Abb. 120, 94 ___ 99, 130: Walter Hansen, *Richard Wagner. Sein Leben in Bildern*, München 2007, S. 70, 129 ___ 123: Michael Petzet, *Die Welt des bayerischen Märchenkönigs Ludwig II. und seine Schlösser*, München 1980, S. 27 ___ 134: Manfred Eger, *»Alle 5000 Jahre glückt es«. Zeugnisse einer außergewöhnlichen Verbindung*, Tutzing 2010, S. 102 ___ 138: Brigitte Hamann, *Die Familie Wagner*, Reinbek bei Hamburg 2005, S. 59 ___ 154: picture alliance / dpa

Autorin
Illustrator

Iris Winkler, geboren 1969, studierte Literaturwissenschaft, Musik- und Konzertpädagogik. Sie arbeitete als Regieassistentin in Schauspiel und Oper und ist seit 2003 als freischaffende Musiktheaterpädagogin u. a. für die Deutsche Staatsoper Berlin tätig.

Hans Baltzer, geboren 1972, hat an der Kunsthochschule Berlin-Weißensee und der NC State University, USA, Kommunikationsdesign studiert. Der Mitbegründer des vielfach prämierten Berliner Designkollektivs milchhof : atelier ist seit 2001 als selbstständiger Graphikdesigner und Illustrator tätig. Er lebt mit seiner Familie in Berlin.